ブックガイドシリーズ　基本の30冊

経済学

根井雅弘編

人文書院

目　次

まえがき

第1部　現代経済学の夜明け
　マーシャル『経済学原理』……………………………………8
　ピグー『厚生経済学』…………………………………………14
　シュンペーター『経済発展の理論』…………………………20
　ケインズ『雇用・利子および貨幣の一般理論』……………26
　サムエルソン『経済学』………………………………………32

第2部　マクロ経済学の展開
　ハロッド『動態経済学序説』…………………………………40
　ソロー『成長理論』……………………………………………47
　トービン『マクロ経済学の再検討』…………………………54
　ルーカス『マクロ経済学のフロンティア』…………………61
　マンキュー『マクロ経済学』…………………………………68
　ミンスキー『金融不安定性の経済学』………………………75

第3部　ミクロ経済学の展開
　ヒックス『価値と資本』………………………………………82
　サムエルソン『経済分析の基礎』……………………………89
　ドブリュー『価値の理論』……………………………………96
　アロー『社会的選択と個人的評価』…………………………102
　セン『正義のアイデア』………………………………………109
　コース『企業・市場・法』……………………………………115

ウィリアムソン『市場と企業組織』……………………………122

第4部　異端の経済学
　　ヴェブレン『有閑階級の理論』……………………………130
　　ガルブレイス『ゆたかな社会』……………………………136
　　ロビンソン『資本蓄積論』…………………………………143
　　スラッファ『商品による商品の生産』……………………150
　　コモンズ『集団行動の経済学』……………………………157
　　ミュルダール『アジアのドラマ』…………………………163

第5部　市場経済の思想
　　スミス『国富論』……………………………………………172
　　マルクス『資本論』…………………………………………179
　　ケインズ『自由放任の終焉』………………………………186
　　ポランニー『大転換』………………………………………192
　　ハイエク『自由の条件』……………………………………198
　　フリードマン『資本主義と自由』…………………………205

まえがき

　本書は,「ブックガイド基本の30冊」シリーズの一冊として編まれた経済学案内である。30冊を選ぶに当たっては,次のような方針に従った。

　現在では,大学で経済学を学ぼうとすると,大きく分けて「マクロ経済学」と「ミクロ経済学」という二つの科目についての教科書をすすめられるのがふつうである。経済学部の学生や社会人などがその二つの科目の基本を学ぶのはとても大切なことである。本書でも,その二つについて「マクロ経済学の展開」「ミクロ経済学の展開」と題する章において主要な名著を取り上げているが,欲を言えば,その上さらに,現代経済学が誕生してきた前史をある程度知っておくのが望ましい。ケインズ,シュンペーター,サムエルソンなどのような日本人にも馴染みのある名前が登場するのもこの時代であり,彼らは,マクロ,ミクロの分野を問わず,現代経済学の形成に大きな影響を及ぼした。「現代経済学の夜明け」と題する章を最初に配しているのはそのためである。

　マクロ経済学とミクロ経済学の名著を選ぶに当たっては,第二次世界大戦後の主流を形成するようになったものをできるだけ万遍なく取り入れることを心がけた。その大半はアメリカの経済学者だが,これは戦後の経済学の最先端を担った国がアメリカであった事実の裏返しでもある。ただし,主流派の思考法ばかりを学んでいると,いつの間にかその「死角」や「限界」が見えなくなる恐れがあるた

めに,「異端の経済学」と題する章で,主流派経済学に批判的な視点を打ち出した名著を取り上げている。

　ところで,現代経済学をすでに学びつつあるか以前に学んだことのある読者のなかは,この学問がかなりの程度「数理化」し,哲学や思想とは無縁の技術学になってしまったという印象をもっている者がいるかもしれない。だが,一見,哲学や思想とは無関係にみえても,現代経済学の根底には古くからある哲学や思想が流れているものである。それゆえ,「市場経済の思想」と題して,経済学の思想や哲学とのかかわりが比較的明確にわかる名著を取り上げることにした。スミス,マルクス,フリードマンなどの名前は,誰もがよく知っているが,その内容を正確に理解している者は意外に少ない。

　本書の執筆陣には,若手,中堅,ベテランの研究者をバランスよく起用したつもりだが,全体的にレベルを落とさず,しかし平易な叙述を心がけてほしいという編者の要求に見事に応えた,経済学案内に仕上がっていると思う。この場を借りて,ご多忙の中,執筆に協力して下さった方々にお礼を申し上げたい。編者としては,本書が経済学に関心のある向学心の高い多くの読者に受け入れられるのを願うばかりである。

2014 年 3 月 31 日
著者を代表して
根井　雅弘

第1部

現代経済学の夜明け

アルフレッド・マーシャル

『経済学原理』
Principles of Economics, 1890, 8th ed., 1920

馬場啓之助訳，東洋経済新報社，全4巻，1965-67年／
永澤越郎訳，岩波ブックサービスセンター，全4巻，1985年

——新古典派経済学の完成——

経済学再建の象徴

　ある時代において，その分野で支配的影響力を誇る書物というものがある。マーシャルの『経済学原理』もその一冊である。19世紀末から20世紀初頭にかけて，経済学研究の最先端であったイギリスではマーシャルが帝王として君臨し，とりわけケンブリッジでは，経済学という学問はマーシャルをもって完成したと考えられていた。経済学の根幹部分は『経済学原理』によって語り尽されたため，経済学者に残された仕事は『原理』に注釈をつけるか個別・応用分野を開拓するのみといった状況であった。

　マーシャルが活躍した19世紀後半は，古典派経済学が凋落し，限界原理に基づく新しい手法が登場した時期にあたる。通俗的な説明では，1870年代に「限界革命」（後段参照）が起こり，経済学の思考法が一新されたとされるが，それは事実ではない。発表当初はこうした考え方は古典派にとって代わるほどの支持を得られなかったし，また，イギリス歴史学派からは経済学の抽象性・非現実性が批判の槍玉に挙げられていた。そんな中，理論と現実のバランスを

重視し，古典派経済学と限界原理に基づく分析を融合させ，かつ，数々の独創的な着想を経済学に付け加えたマーシャルが古典派の正統後継者という名声を勝ち得たことは自然なことである。

この本の扉には厳かに Natura non facit saltum. と記されている。「自然は飛躍せず」という意味である。ここには，進歩・発展というものは連続的・漸進的に行われるものであるというニュアンスが込められている。経済発展だけでなく，思想の発展についても同じことがいえる。マーシャルは実際には数々の画期的業績をあげたにもかかわらず，自分の仕事を古典派の伝統の延長線上にあると考えていた。もともと「新古典派」という言葉はマーシャルに対して批判的な文脈で用いられたものであるが，マーシャルを新古典派と呼ぶことは当人の意図に照らしても理に適っているといえよう。

短期と長期

ここではマーシャルによる総合の手腕についてみていきたい。何が価値を決めるか，価値の源泉は何であるかという問題は，経済学にとって長らく重要なテーマであった。

古典派経済学は労働価値説を採り，価値の源泉は労働にあると考えた。これは，もう少し広く解釈すれば，価値は生産費，つまり供給側の要因に依存するという立場である。これに対して，限界原理に基づく新しい経済学では，価値の源泉は希少性にあると考えた。換言すれば，価値は限界効用，つまり需要側の要因に依存するという立場である。

両者は，価値が客観的に決まるか主観的に決まるか，という観点からも対極にある考え方であるといえる。価値が生産費によって決まるのであれば，モノの価値は，それが生産された時点で既に確定

していることになる。価値の等しいもの同士を交換する等価交換が、交換の原則となる。他方、価値が限界効用によって決まるということは、あるモノに価値があるか否かは、消費者の需要次第ということになる。どれだけコストのかかった商品であっても、魅力がなければ誰も買わないし、人気のある商品は原価とは無関係のところで価値が決まるかもしれない。交換は、自分にとって相対的に不要な財を差し出し、必要な財を獲得することによって、双方が満足できる余地がある。人によって財に対する主観的評価が異なるからこそ交換する意味が生じる。

このように考えると、限界原理による価値論を採用することは一見、古典派に対する全面否定のようにも思われる。しかしマーシャルに言わせれば、両者は決して矛盾するものではない。価値が供給によって決まるという主張と、価値が需要によって決まるという主張、そのいずれが正しいかを問うことは、あたかもはさみで紙を切るのがはさみの上刃であるか下刃であるかを問うのと同じくらいナンセンスなことだという。

鍵となるのは想定する時間の長さである。短い期間を考えれば、供給量の調整が技術的に困難であることから、価格決定には需要側の要因が大きな比重を占める。最も極端な事例が、魚市場の競りのような状況である。その日に限れば、供給量はそこにあるものだけで固定されており、価値（あるいはそれを金額ベースで表した価格）はもっぱら需要によって決まる。こうして決まる均衡をマーシャルは一時的均衡と呼ぶ。このとき供給曲線は垂直となる。

次に、生産設備の増減はできないが、既存設備の稼働率の変化によって供給量のある程度の調整ができる期間を短期と呼ぶ。この状況では需要・供給がともに役割を果たし、両者の力は拮抗している。

このときの均衡をマーシャルは短期正常均衡と呼んだ。右上がりの供給曲線と右下がりの需要曲線が交差するケースで、経済学のグラフとして最も有名なものである。これをマーシャルの名にちなんでマーシャリアン・クロスと呼ぶ。

　生産設備も増減できるような期間を長期と呼ぶが、想定する時間が長くなれば、供給体制の変更が可能となるため、コストという供給側の要因の役割が大きくなる。このとき供給曲線は水平となり、需要量の多寡にかかわらずつねに一定のコストで財を供給できる。したがって長期においては古典派の議論が正しいということになる。

　こうしてマーシャルは、考察する時間の長さに応じて需要と供給が果たす役割の比重が変わるとして、伝統的な経済学と新しい経済学の総合を果たしたのである。マーシャル経済学において、供給曲線は必ず右上がりでなければならないということはないという点に留意したい。なお、マーシャルによる短期と長期の分類基準は、現代経済学でもそのまま踏襲されている。

産業集積と組織

　19世紀前半の経済学は、いわゆる「マルサスの呪い」に縛られていた。工業化の初期の段階において人口が爆発的に増加するという現象は古今東西を問わず普遍的にみられる。これに対して、自然の恵みである食糧生産においては収穫逓減法則（人口や資本の増加につれて、穀物生産のためにより肥沃度の低い土地も使用せざるをえなくなることから、土地の生産性が次第に低下していくこと）が働くため、食糧増産が人口増加のペースに追い付けず、いずれは食料が不足する事態が懸念された。19世紀前半の文献には、様々な形でこの問題が暗い影を落としていた。

幸い，マーシャルが活躍した時代には収穫逓減法則の作用は停止し，状況は落ち着いていた。19世紀前半を通じてイングランドの人口は2倍になったが，生産性の上昇や輸送コストの低下による新大陸の広大な土地の活用により，食糧供給は行き届いていた。ただしマーシャルは，この先一世代か二世代すれば，収穫逓減法則が再び強力に作用しはじめる可能性があるため，人類は与えられたこの猶予期間を生かして進歩を実現しなければならないとも考えていた。収穫逓減法則を反転させ，収穫逓増をもたらすものとして，マーシャルは組織の役割に注目した。『原理』では，土地・労働・資本という経済学の伝統的な生産要素に加えて，組織を第4の要素として挙げている。特定の地域に産業が集中することによる外部経済の効果，また企業自身の生産性向上による内部経済の問題がここで詳しく論じられる。

　経済学の「原理」というと過度の抽象化がほどこされ，あたかも記号としての消費者と生産者が直接取引をしているかのような印象をもたれがちであるが，マーシャルは商人や企業家の役割にも目配りし，議論の現実妥当性に配慮している。企業家に要求される資質は大別して二つある。第一に，生産の組織者として市場動向を的確に予測し，ニーズに合った商品を開発しなければならない。企業は数々の新商品を開発するが，それは厳しい競争にさらされる。売れないもの，人気が出ないものは淘汰され，ヒット商品だけが生き残る。マーシャルは自然選択，適者生存といった生物学的概念を経済学に適用することを提唱しているが，こうした状況を想起するとわかりやすいかもしれない。第二に，企業家は人間の天性の指導者でなければならない。組織における優れたリーダーシップこそ，収穫逓増を生み出す原動力であった。

アルフレッド・マーシャル（Alfred Marshall, 1842-1924）
　新古典派経済学，ケンブリッジ学派の創始者。ピグー，ケインズら優れた経済学者を育てた。

参考・関連文献
　馬場啓之助『マーシャル』（勁草書房，1961年）
　橋本昭一編『マーシャル経済学』（ミネルヴァ書房，1990年）
　伊藤宣広『現代経済学の誕生　ケンブリッジ学派の系譜』（中公新書，2006年）

（伊藤　宣広）

アーサー・C・ピグー

『厚生経済学』
The Economics of Welfare, 1920, 4th ed., 1932

気賀健三ほか訳，東洋経済新報社，全4巻，1953-55年

―― 「規範を論じる科学としての厚生経済学」 ――

センとピグー

　厚生経済学にたいする貢献で1998年のノーベル経済学賞を受賞したアマルティア・センは，2008年の経済危機ののちに書いた一般向けの論文のなかでアーサー・ピグーを好意的に紹介した。センは，通常よく知られていないピグーの景気循環論を説明したうえで，ピグーが厚生経済学の創始者であることを強調した。つまり，センはこの論文のなかで，経済危機という差し迫った問題を解決することにとどまるのではなく，人々の社会的厚生を向上するという，より長期的な目標にも取り組まなければならないと注意を促しているのである。このようにセンは，ピグーを二重の意味で現在の経済問題にたいして有効な経済学者として紹介した。

　たしかにピグーの生涯における研究内容を見ると，その幅広さに強い印象を受けるであろう。初期には哲学や倫理学にかんする論文や著作を残したいっぽうで，のちには不完全競争や社会的余剰にかんする純粋経済理論を開拓しながら，景気変動や財政問題，国際金融制度などの具体的な政策問題にまで幅広く対応した。そのような多彩な著作活動のなかでも，ピグーには主著と呼べるものが明確に

存在する。それがここで取り上げる『厚生経済学』である。この著作をピグーの主著と呼ぶには，いくつかの根拠がある。その理由のひとつは，かれの多彩の才能がこの著作の中に見事に結合されているということである。かれは，倫理学の素養を持ち，当時の最先端の経済理論を理解し，さらには法律や制度の現実にも詳細な知識を持っていた。かれは，これらの要素を組み合わせて『厚生経済学』という著作を生み出した。

20世紀初頭のイギリス

　『厚生経済学』の内容を議論する前に，そもそもこの著作が刊行された20世紀初頭のイギリスがどのような社会であったかを見ることは興味深い。というのも，この著作には，時代の要請にこたえるという側面が少なからず存在したからである。この時代においてイギリスでは，貧困および労働問題が大きな関心を集めていた。チャールズ・ブースやシーボーム・ラウントレーによって行われた大規模な社会調査は，ロンドンおよびその近郊の低賃金労働者の苦しい生活状況を明らかにした。大きな社会的関心を集めたストライキやデモ——そのうちいくらかは暴動に発展した——が起こり，シドニー・ウェッブ，ベアトリス・ウェッブ夫妻やヘンリー・ハインドマンのような社会主義著作家が盛んに運動を展開していた。ジョージ・バーナード・ショーやH・G・ウェルズ——『タイム・マシン』や『世界戦争』のようなかれの小説のなかに，搾取される人々を見出すのは困難ではない——のような文学者も社会主義運動に参加し，オスカー・ワイルドのような純粋な芸術家に近い文学者でさえも，貧困問題にかんする著作を残すほどであった。

　貧困問題にたいする強い関心は，最終的に具体的な政策として結

実することになる。当初は，主として民間慈善団体が貧困に対応していたが，やがて中央政府や地方政府も，慈善団体の活動——都市の失業者を地方で農業者として訓練するなど——をサポートしたり，小規模な公共事業を行ったりすることで，貧困問題を緩和しようとした。このような政策上の試行錯誤にくわえて，1906年の総選挙で労働党が一定の議席を獲得し，労働者の政治力が拡大したことにともなって，1910年前後に，一連の社会福祉法制が実現されるようになった。具体的には，高齢者年金，医療・失業保険および最低賃金といった政策が実現された。これはイギリスに住む人々の日常や国家財政のありようを大きく変貌させるものであり，イギリス福祉国家のひとつの重要な出発点となったと言える。1920年に初版が発行された『厚生経済学』は，このような時代背景に大きな影響を受けている。

『厚生経済学』

『厚生経済学』においてピグーはまず，人々の厚生（つまり，人間としてのよい状態）を経済的な部分と非経済的な部分に区別した。そして，留保条件を加えながら——たとえば，社会全体での芸術的才能の開花は，経済的豊かさとは矛盾するかもしれないこと——経済的な厚生の向上は，非経済的厚生も含めた総厚生を向上させる可能性が強いと主張した。そして，その経済的厚生を表す指標としては，現代の用語で言う国民所得が，いくつかの留保条件の下で——たとえば市場外取引（主婦の家事労働など）を考慮に入れることができないことなど——，最適であると論じた。このように，興味深い留保条件を指摘しながらも，それらは例外的な現象であり，国民所得をどのように変化させる傾向があるかという点を，経済問題を

評価する最終的基準として用いることを主張しているのである。

　ピグーの厚生命題は，国民所得の総量の増加および減少を問題としたものではなく，国民所得の分配についても注意をはらっている。もしかりに，全体の所得を大きくする経済政策が，同時に貧しい人をより貧しくするとしたら，その政策は望ましい政策と言えるだろうか。ピグーは，明確にそうは言えないと考えている。社会全体が豊かになるということには，必然的に貧しい人が少なくとも以前より悪い状態になっていないという意味が含まれているというのがピグーの立場である。このような議論から，ピグーの二つの厚生命題が導かれる。すなわち第一に，貧者がより貧しくなっていないという条件で，国民所得の総量が増加するのは望ましい。第二に，国民所得の総量が減少していないという条件で，貧者の所得が増加するのは望ましい。

　『厚生経済学』における外部性にかんする議論は，のちの経済学に大きな影響を与えた。したがって，ピグーがこれらの問題をどのように議論しているかを見るのは有意義であろう。ピグーは，現実の経済において社会的限界生産物と私的限界生産物が乖離する場合があると議論した。私的限界生産物の価値というのは，経済主体が取引をおこなう際の，かれ自身への利得と費用との差である。その一方で，利得と費用が必ずしも取引を行う主体にのみ発生するとはかぎらず，第三者に何らかの影響を及ぼす可能性がある。このときには，取引を行う人にとってのメリットと，（第三者を含んだ）社会全体にとってのメリットが乖離することになる。この場合，社会は，一部の経済取引によって不当に費用をこうむったり，本来であれば可能な便益を実現しそこねたりする可能性がある。これを防ぐために政府は，補助金や税——いわゆるピグー税——を用いて各経済主

体にとっての利得と費用を，社会的費用や便益を反映したものに変化させることができる。以上の議論によってピグーは，市場にはそれ自体では達成できないものがあり，政府が有効にそれを改善できる可能性があると指摘した。

　うえで述べたように『厚生経済学』にはさらに，さまざまな政策に対する詳細な議論が存在する。なかでもかれが特に紙幅を割いているのが，労働市場のはたらき，およびそれをベースとした最低賃金にかんする議論である。最低賃金を設定することで，全体として労働者の生活水準を改善することができるであろうか。ピグーはこの質問に条件付きで肯定的に答えている。労働者にたいする需要と供給が均衡した状態で賃金と雇用量が決定されているとき，最低賃金という価格規制を導入することは雇用量を減少させる傾向がある。つまり，市場で実現している賃金率よりも高い水準に最低賃金をもうけると，一部の労働者を雇うことが損失を生むことになり，企業はかれらを解雇するようになるということである。ピグーは現実には，必ずしもこのような結果が生じるとはかぎらないと考えている。現実には，労働者は雇用主にたいして相対的に交渉力が劣るため，みずからの価値よりも低い賃金しか受け取っていない場合がある。この場合には，最低賃金によって強制的に賃金を引き上げることによって，むしろ労働供給を増加させ，雇用を増加させることができるであろう。ピグーは，このように交渉力の弱い労働者を保護するために，最低賃金を設けることには一定の根拠が存在することを認めている。

マーシャルから受け継いだもの

　ピグーは，ケンブリッジ大学で教えを受けたアルフレッド・マー

シャルを強く尊敬していた一方で，マーシャルの経済学には満足できなかった。ピグーが志向したのは，現実の経済を改善することを直接の目的とした経済学であり，かれは，マーシャルよりも明確に，政府介入にたいして積極的な態度をとった。この態度が，20世紀初頭の福祉政策の導入や大きな戦争を経て，経済への介入を増したイギリス社会とうまく適合したのは事実であろう。ピグーは，このような社会の大きな変化のなかで，マーシャルから受け継いだ経済学をより有効なものに変えていこうとした。結果として誕生した厚生経済学はその後，経済学という学問において，規範の問題をあつかう特異な領域として発展した。現代の著名な厚生経済学者であるアマルティア・センが，ピグーを取り上げたのは決して偶然ではない。ピグーは，経済学者としての社会的責任を果たす手段として，冷静な規範意識と最先端の経済理論を結合させた厚生経済学を打ち立てたのであった。

アーサー・C・ピグー（Arthur Cecil Pigou, 1877-1959）
　イギリスの経済学者で「厚生経済学」の確立者。ケインズと激しい論争を繰り広げた。多くの著作を遺したが邦訳は少ない。

参考・関連文献
　ピグー『富と厚生』（八木紀一郎監訳，名古屋大学出版会，2012年）
　Amartya Sen, "Capitalism beyond the Crisis." *The New York Review of Books*, 56(5): 26, 2009.
　本郷亮『ピグーの思想と経済学　ケンブリッジの知的展開のなかで』（名古屋大学出版会，2007年）
　山崎聡『ピグーの倫理思想と厚生経済学　福祉・正義・優生学』（昭和堂，2011年）

（高見　典和）

ジョゼフ・アロイス・シュンペーター

『経済発展の理論』
Theorie der wirtschaftlichen Entwicklung, 1912, 2. Aufl. 1926

塩野谷祐一，中山伊知郎，東畑精一訳，岩波文庫，全2巻，1977年

──企業者精神の発揮こそ資本主義の本質──

「静態」と「動態」

ヨゼフ・アロイス・シュンペーターの名前は，現在でも，企業者の「イノベーション」との関連でしばしば登場するが，イノベーションという言葉はのちに使うようになったもので，『経済発展の理論』では「新結合」という言葉が使われている。しかし，企業者による新結合の遂行が経済発展をもたらすと主張したことはよく知られているものの，『経済発展の理論』の全体を通して読んだことのあるひとは比較的少数と思われる。読み通すには，ある程度の予備知識が必要だ。

『経済発展の理論』は，「静態」と「動態」の二元論的な構造をもっている。「静態」とは，すべての経済数量が一定量で循環している状態のことだが，これはかつてフランソワ・ケネーが『経済表』で描いた世界と基本的に同じである（カール・マルクスは「単純再生産」と呼んでいた）。静態の世界には，経済主体は，「本源的生産要素」（労働と土地）の所有者（労働者と地主）しか存在しない。そこでは，すべての生産物価値は労働用役と土地用役の価値の合計に等しくなる。だが，静態の世界は，新しい可能性を誰よりも早く見抜

いて，そのひとが「企業者」となり，企業者が「資本家」（銀行家）の資金的援助で新結合を遂行することによって破壊される。その瞬間，「動態」が始動するが，新結合とは，シュンペーターによれば，次の五つの場合を指している。

1　新しい財貨の生産
2　新しい生産方法の導入
3　新しい販路の開拓
4　原料あるいは半製品の新しい供給源の開拓
5　新しい組織の実現（例えば，トラストの形成や独占の打破）

　シュンペーター以前の正統派（マーシャル経済学によって代表される）では，生産要素の入手可能量の変化，人口の増加，貯蓄の増加などが経済発展への契機となると説かれていたが，シュンペーターにいわせれば，これらによって惹き起こされるのは質的に新しい現象ではなく，自然的与件の変化の場合と同様に，静態的分析手法によって対処されるものである。シュンペーターは，年々のごくわずかな連続的変化は発展への契機にはなり得ないと考えていた。ところが，非連続的で急激な変化の場合はそうはいかない。企業者による新結合の遂行は，まさにこの例の一つなのである。

　シュンペーターは，企業者を新結合を遂行する者と厳密に定義し，そうではなく静態の世界で単に循環の軌道に従って企業を経営しているに過ぎない者を「単なる経営管理者」と呼んで区別した（静態には労働者と地主しか存在しないから，単なる経営管理者は前者に含まれるとみるべきだろう）。企業者の新結合に資金を提供するのが「資本家」だが，この場合の資本家は銀行家に他ならない。企業者と銀行家が動態においてのみ現れるのがシュンペーター理論の特徴である。

経済発展の理論

　静態の世界では，すべての生産物価値は労働用役と土地用役の価値の合計に等しいので，それ以外の所得は発生しない。だが，企業者による新結合の遂行（例えば，低コストでの製品生産の実現や新しい販路の開拓など）が成功すると，労働者にも地主にも帰属しない所得（企業者利潤）が生まれる。シュンペーター理論では，企業者利潤は動態においてのみ発生するのである（動態利潤説）。

　また，新結合は原則として旧結合と並んで現れるので，新結合を成功させるには，必要となる生産手段を何らかの旧結合から奪ってこなければならない。ところが，静態の世界には，新結合を賄う資金の源泉がないので，生産手段ストックを転用するには，唯一の資本家としての銀行家の援助が必要である。企業者は，こうして，銀行家の信用創造によって初めて新結合を遂行することができるのである。そして，資本家に特有の所得（利子）は，企業者利潤から支払われるので，利子もまた動態的現象ということになる。

　さて，静態の世界は，企業者による新結合の遂行によって破壊され動態が始動するのだが，先頭を切った企業者による新結合の成功は，大量の模倣者を生み出すだろう。なぜなら，模倣者たちは先駆者によってすでに道が開かれているので，より容易に新結合を遂行することができるからである。このような新結合の群生が，経済を好況へと押し上げるのである。

　だが，好況は永遠には続かない。企業者は銀行家の信用創造によって新結合を賄ったのだから，その債務を返済しなければならない。これは好況時の信用拡張期とは対照的に信用収縮期を用意する。また，やがて新結合の成果として新しい財貨が市場にあふれるようになるので，需給関係から価格水準は低下していく。シュンペーター

は，この過程を新結合によって創造された新事態に対する経済体系の適応と捉えているが，これが不況なのである。この適応過程は，再び静態の世界に戻るまで続くが，新しい静態は発展の成果が実質所得の増加という形で表れているので古いものとは区別される。以上がもっとも単純なシュンペーター理論のモデルである。

ケインズとの対立

シュンペーターは，不況という現象を企業者による新結合によって創造された新事態に対する経済体系の適応過程として捉えていた。それゆえ，その適応過程を邪魔するような政府の介入は基本的に必要ないことになる。これは，ケインズ革命以後の常識とは異なる。ケインズ理論では，不況は有効需要の不足によって生じるので，不況から回復するには総需要を支えるような政策（例えば，減税，低金利，公共投資など）が要請された。シュンペーターの見解は，ケインズのそれとは明らかに違う。

シュンペーターの見解は終生変わらなかったが，その証拠に，のちに，ケインズの『雇用・利子および貨幣の一般理論』（1936年）が「短期」（資本設備・人口・技術が所与）の想定を置いていることを問題視した。資本主義経済の歴史は，企業者による新結合の遂行によって生産関数が変革されてきた歴史にほかならず，短期の想定はそのような資本主義の本質を無視していると。シュンペーターによれば，大不況は好況のあとの適応過程として過去に何度も生じており，本質的に「一時的な」現象だというのである。

残念ながら，大不況の解明に関しては，「ケインズ革命」とよばれたように，シュンペーターよりもケインズの理論のほうが影響力をもったが，両者の違いを押さえておくことは重要である。

学問全般に通じた偉大な知識人

　シュンペーターは若い頃から学問全般に通じた幅の広い知識人であった。彼は『経済発展の理論』やその他の著作でも明示的には述べていないのだが，19世紀末のウィーンが生んだ「恐るべき子供」として，その理論の背景に思想界の巨人の影が見え隠れする。例えば，哲学者アンリ・ベルクソンの影響を指摘する研究がある。ベルクソンによれば，対象を認識するには，「対象の周囲をまわる」方法と，「対象の内部へ入り込む」方法の二つがあるが，前者は「相対」のうちにとどまる認識なのに対して，後者は「絶対」に到達する認識である。そして，前者の方法が「分析」，後者の方法が「直観」と呼ばれる（『形而上学入門』1903年）。

　分析をいくらおこなっても，事実を事実たらしめている根源は決して捉えられない。そこに直観の役割があるというベルクソンの思想は，「経済分析」がいくら高度化しても，分析では資本主義の本質は捉えられないというシュンペーターの思想に通じている。実際，シュンペーターは，レオン・ワルラスの一般均衡理論という当時の経済分析の最高水準をきわめて高く評価したが，それでもそのような経済分析では企業者による新結合の遂行という資本主義の本質は捉えられないと考えていたのである。

　また，企業者の資質（「洞察」，「意志の新しい違った使い方」，新しいことを導入しようとする者に対して向けられる「社会環境の抵抗」の克服や動機づけ（「私的帝国」や「自己の王朝」を打ち立てようとする「夢想」と「意志」，「勝利者意志」，「創造の喜び」）として挙げられている内容は，ニーチェの哲学を彷彿させるものがある。実際，処女作『理論経済学の本質と主要内容』（1908年）の末尾には，ニーチェの名前こそ出てこないものの，「権力への意志」や「支配意欲」

という言葉が使われているのだ。それゆえ,森嶋通夫がシュンペーターの企業者の特徴を「ニーチェ的英雄主義」と表現したのも決して的外れではないと思われる。

　ただし,シュンペーターは,経済理論について語るときは,決して思想界の巨人の名前を口にしようとはしなかった。『経済発展の理論』は,それだけでも優れた経済学の古典的名著だが,思想界の巨人たちの思想を隠しもって叙述されていることがかえってその筆致を鋭いものにしていると言えるかもしれない。

ジョセフ・アロイス・シュンペーター (Joseph Alois Schumpeter, 1883-1950)
　オーストリア＝ハンガリー帝国モラヴィア（現チェコ共和国）出身の経済学者。現在入手できる翻訳としては,『資本主義・社会主義・民主主義』（中山伊知郎,東畑精一訳,東洋経済新報社,1995年）,『企業家とは何か』（清成忠男訳,東洋経済新報社,1998年）などがある。

参考・関連文献
　伊東光晴,根井雅弘『シュンペーター』（岩波新書,1993年）
　森嶋通夫『思想としての近代経済学』（岩波新書,1994年）
　塩野谷祐一『シュンペーター的思考』（東洋経済新報社,1995年）

（根井　雅弘）

ジョン・メイナード・ケインズ

『雇用・利子および貨幣の一般理論』
The General Theory of Employment, Interest and Money, 1936

塩野谷祐一訳,東洋経済新報社,1983年／間宮陽介訳,岩波文庫,全2巻,2008年

――「ケインズの時代」を生み出した20世紀の名著――

「古典派」との訣別

　ジョン・メイナード・ケインズは，しばしば20世紀最大の経済学者として評価されるが，彼が「古典派」の呪縛から解放されて，経済学の歴史のなかでケインズ革命をもたらした『雇用・利子・および貨幣の一般理論』――以下,『一般理論』と略称――に辿り着くまでには多くの障害や困難を乗り越えなければならなかった。ケインズの意味での古典派とは，通説と違って，アダム・スミス，デイヴィッド・リカード，J・S・ミルばかりでなく，そのあとを引き継いだアルフレッド・マーシャルやA・C・ピグーなどを含む言葉である。このような使用法はある意味で大胆であり，文献学者からは正確ではないと批判も招いたが，それでも，ケインズは，自分より前の経済学者たちがほぼ「セーの法則」を受け入れているという意味で「古典派」という言葉で一括りできるという戦略をあえてとった。

　セーの法則とは,「供給はそれみずからの需要を創り出す」という一文に要約されるが，平たくいえば，ものはいくら作っても作っただけ売れるという考え方のことである。この「セーの法則」が成

り立つには，賃金率の伸縮性と利子率の伸縮性という二つの条件が揃っていなければならない。

　第一は，賃金率が労働市場における需要と供給を速やかに調整する役割を演じるということである。例えば，労働需要が労働供給よりも少なければ，ただちに賃金率が下落し，それが労働需要を増やす傾向をもたらすので，やがて労働市場において需要と供給が一致する完全雇用が実現されるだろう。したがって，もし賃金率の伸縮性が損なわれると（例えば，賃下げに抵抗する労働組合のような組織があるというように），失業がなくならずに完全雇用が妨げられることになるだろう。

　第二は，利子率が金融市場における投資と貯蓄を速やかに調整するということである。例えば，消費が減って消費財産業で失業が生じたとしても，消費の減少＝貯蓄の増大だから利子率がただちに低下し，それが投資を増大させるので，貯蓄と投資は一致するようになる。別の言葉でいえば，消費財産業で失業が生じても，その分だけ投資財産業で雇用が増えるので，ちょうど相殺されるということである。

　第一の条件によって，労働はつねに完全雇用される傾向があること，第二の条件によって，投資と貯蓄はつねに等しくなる傾向があることがいえるので，労働者によって生産されたものは，すべて消費財か投資財として需要されることになる。「供給はそれみずからの需要を創り出す」のだ。

　もっとも，「古典派」も，「セーの法則」が一時的に成り立たない可能性（例えば，賃金率や利子率の伸縮性がただちに働かなかった場合）を認めていたが，究極的には，セーの法則が成り立つ世界へと戻ってくると暗黙裡に仮定していた。

有効需要の原理

 だが、ケインズは、セーの法則が古典派の根底にある限り、それで説明がつくのは、「自発的失業」と「摩擦的失業」に限られると考えた。自発的失業とは、労働者がいまの賃金率ならむしろ働かないことを選択するために生じる失業であり、摩擦的失業とは、労働の産業間移動が不完全なために需要の変化に迅速に対応できず、一時的に生じる失業である。しかし、1930年代の世界的大不況のときには、四人に一人が失業していたアメリカのような国もあった。彼らをすべて自発的失業者や摩擦的失業者と呼ぶのは無理があるのではないか。ケインズはこのような現実感覚をもっていた。

 ケインズの直観は、社会全体の「有効需要」(実際の購買力に裏づけられた需要)の不足によって働く意思がありながら労働者が失業してしまう「非自発的失業」が存在するというものだった。『一般理論』はその非自発的失業の可能性を理論的に論証した画期的な著作なのである。

 『一般理論』は有効需要に焦点を合わせた体系という意味で「有効需要の原理」と呼ばれるが、この原理は「乗数理論」と「流動性選好説」という二つの柱に支えられている。単純化のために、外国貿易と政府の活動のない「封鎖経済」を考えてみよう。一国の経済規模は国民所得の大きさで表されるが、「短期」(資本設備・人口・技術が所与であるという意味)の想定をおくと、国民所得が決まればそれに対応して雇用量も決まるので、国民所得の決定理論は同時に大量失業を解明する鍵にもなる。

 国民所得は、供給面からみれば、一定の期間に新たに生産された財やサービスの合計(「総供給」Y)であり、需要面からみれば、消費Cと投資Iの合計(「総需要」)のことだが、国民所得は総需要と

総供給が等しくなるところで決定される。ところが,消費は国民所得の安定的な関数なので(もう少し正確にいうと,消費は国民所得の増加とともに増加していくが,消費の増加 ΔC は国民所得の増加 ΔY には及ばない。ケインズは,「限界消費性向」 $\Delta C/\Delta Y$ が 1 よりも小さい正の値をとることを,「近代社会の基本的心理法則」と呼んだ),投資が決まるならば国民所得は決定される (「乗数理論」)。投資は「資本の限界効率」(予想利潤率) と利子率の関係で決まるが,資本の限界効率が所与であれば,投資は利子率が下がれば増加する (逆に,利子率が上がれば減少する)。だが,資本の限界効率は,「予想」されたものなので,実際は予想の変化によって激動しやすい。最後に,利子率は,「流動性」(交換の容易性や安全性の総称だが,最も流動性の高いものが「貨幣」なので,ここでは貨幣と同じ意味で使う) に対する需要と供給の関係で決まる (流動性選好説)。貨幣供給量 M が一定ならば,流動性選好 L が強ければ強いほど利子率は高くなる。

ケインズ政策とは何か

有効需要の原理からは,大量失業という現象は次のように解明される。——人々の貨幣愛 (流動性選好) が貨幣供給量と比較して強いために利子率がなかなか下がらず高止まりになる。利子率が下がったとしても,投資はそれと資本の限界効率の関係で決まるので,予想が悲観的に動く場合には,利子率の低下の効果を相殺してしまう可能性がある。投資が思ったほど増えない場合は,国民所得も低い水準に決まり,同時に雇用量も完全雇用には遠く及ばない水準に決まる。大量の非自発的失業がこうして生まれるのである。

ケインズの政策は,有効需要の原理から導かれる。非自発的失業が大量に存在するときは,まず,中央銀行が公債市場操作 (例えば,

金融市場で積極的に国債を買い入れる）によって流動性を供給し、貨幣供給量との関係で決まる利子率を下げる。ただし、前に触れたように、利子率が下がっても、資本の限界効率の動き次第では投資は増えないどころか、減ってしまう場合さえある。そのときは、政府がみずから財政赤字をつくってでも公共投資をおこなって総需要を支えなければならない。消費を刺激するための減税も考えられる。このなかで、とくに財政赤字を伴う公共投資を指して「ケインズ政策」と呼ぶような理解が世間に浸透しているが、それはケインズが考えたことのごく一部に過ぎない。投資を安定的に確保することが雇用の安定につながるのだが、ケインズが示唆した「投資の社会化」が何を意味するかは、『一般理論』には詳述されていない。だが、「社会化」とは決して計画経済のようなものではなく、今日でいえば産業調整や産業政策のことを指していると主張しているポスト・ケインジアン（例えば、N・カルドア）もいる。

ケインズの遺産

『一般理論』は、経済学界に「革命」と呼ばれるほどの大変革をもたらし、ケインズ政策は第二次世界大戦後の先進国の経済運営に大きな影響を及ぼした。大戦後の四半世紀は「ケインズの時代」と呼んでもよいほどケインズ経済学は一世を風靡した。その時代は、実は、ケインズ経済学を新古典派経済学（ケインズが古典派と呼んだものに等しい）と「平和共存」させたポール・A・サムエルソンの「新古典派総合」の時代とほぼ重なっている。平和共存という意味は、サムエルソンがケインズ経済学の効用を認めながらも、完全雇用に至れば新古典派経済学が復活するというように「折衷」的にケインズを採り入れているからである。

新古典派総合は，本ガイドのあとに登場する経済学者たち（ミルトン・フリードマンやロバート・ルーカスなど）からの批判を受けて次第に衰退していくが，それにもかかわらず，現在に至るまで，経済学者たちは，ケインズが本当に言いたかったのは何かをめぐって論争を続けている。リーマン・ショックのような経済危機が起こるたびにケインズの名前が論壇に復活するのは，それだけ現代に及ぼしたケインズ経済学の影響の大きさを物語っていると言えよう。

ジョン・メイナード・ケインズ（John Maynard Keynes, 1883-1946）
　20世紀最大の経済学者の一人。学者や思想家，芸術家とも幅広く交流した。主な著作は『ケインズ全集』（東洋経済新報社）におさめられている。

参考・関連文献
　伊東光晴『ケインズ "新しい経済学" の誕生』（岩波新書，1962年）
　吉川洋『ケインズ　時代と経済学』（ちくま新書，1995年）
　浅野栄一『ケインズの思考革命』（勁草書房，2005年）
　根井雅弘『「ケインズ革命」の群像　現代経済学の課題』（中公新書，1991年）

（根井　雅弘）

ポール・A・サムエルソン

『経済学』
Economics: an Introductory Analysis, 1948, 11th ed., 1980

都留重人訳『経済学』上下，第 11 版訳，岩波書店，1981 年

——「あたり前」を作った教科書の威力——

広く，長く支持された教科書

　サムエルソン『経済学』は，1948 年の初版以来，1980 年の第 11 版までポピュラーな教科書であり続けた。幅広い支持を集めた理由は，いくつか考えられるだろう。第一は，著者への学者としての信頼感である。彼は，この期間，誰もが認める第一級の経済理論家であった。第二に，彼は，この教科書を約 3 年おきに改訂し，新しい現実や考え方をとり入れる努力を惜しまなかった。特に，左派・右派の考え方の長所短所を踏まえながら折衷・総合する手腕は，偏りのなさが求められる教科書にとって，きわめて大事なことであった。第三に，彼のケインジアンとしての考え方が，第二次大戦後の経済学と現実の政策の潮流に適合していた。

　では，現在の立場から，サムエルソン『経済学』は，どのような意味を持つのだろうか？　新しい教科書が次々と出てきて，彼の『経済学』は歴史的使命を終えた，という評価もあり得るだろう。確かに，これから経済学を勉強しようとする学生に，サムエルソン『経済学』を最高の教科書として推薦することはできない。しかし，やはりこの本は歴史にその名を刻まれるべき古典である，と私は思

第1部　現代経済学の夜明け

う。なぜなら，経済学における常識＝「あたり前」は，この本で作られたからである。どんな「あたり前」が作られたのか？　『経済学』の導入部分——第2章「あらゆる経済社会の中心的諸問題」，第3章「「混合経済」における価格の機能のしかた」——を見てみよう。

「市場による経済秩序」という考え方

　どのような社会も「経済問題」に直面する。「経済問題」とは，有限な稀少資源を用いて，いかにして多種多様な人々の欲求に応えるか，という問題である。より具体的には，「何を」「いかに」「誰のために」生産するかを決めるということだ。この問題を解決するために，われわれが利用しているのが「市場」——需要と供給が出合い，競争的な価格が決まる取引の場——である。「市場」は，財市場と要素市場があり，経済フローの循環としてつながっている。公衆の所有する投入物を企業が買い入れる要素市場があり，生産された財を公衆が購入する財市場がある（邦訳（上）49ページの第3-1図）。これらの市場が機能することで，つまり需要と供給の力で価格が決まり，それがシグナルとなって資源配分が決定されることで，経済問題はかなりうまく解決される。これが，「市場による経済秩序」という考え方である。

　ただし，この競争的市場による経済秩序は完璧にはうまくいかない。競争を歪める力，外部不経済（公害や環境破壊）などが存在するからである。資源を完全に利用できないというマクロ的な問題も発生する。また，すべての市場が完璧に機能する完全競争均衡ですら，「公平」という価値は達成しない。よって，効率・安定・公平のために政府が役割を果たす必要がある。サムエルソンは，市場の

機能を基本としつつ、その不完全な部分を政府によって補うことで成り立つ体制を「混合経済（mixed economy）」と名付けた。経済学とは、市場の機能を理解することで、同時にその不完全さを理解し、それを政府によって補うための適切な方法を考える学問であると言える。

作られた「あたり前」(1)——効率性と公平性の分離

さて、この『経済学』の導入部分を、どのように感じるだろうか？「混合経済」という用語にやや旧さはあるけれど、現在でも立派に通用するものだと私は思う。というより、述べられていることは「あたり前」であり、目新しいことは何もないと言った方がいいかもしれない。ということは、これが経済に対する基本的な見方として定着しているということだ。だからこそ、ここで何を受け容れさせられたのか——そして、何を失ったのか——を明らかにしておく必要がある。

第一に、上記の市場経済秩序の考え方には、「市場は効率的に資源を配分する役割を持っている」という前提がある。この前提は、「厚生経済学の第一定理」——すべての市場で競争が働き、需要と供給が釣り合うように価格が決まっている完全競争均衡は、「効率性」の観点から最善である——として、さまざまな条件の下で、証明が与えられる。この「さまざまな条件」には検討すべき問題がいくつもあるけれど、その点はここでは問わないことにしよう。ここで受け容れさせられている、もっと重要な概念がある。それは、「効率性と公平性は別々の理想であり、市場の機能は前者＝効率性だけを担うものである」という考え方である。この考え方の自然な延長として、公平性を追求するならば効率性を犠牲にしなければな

らないという考え方が出てくる。

　この概念は，おそらくサムエルソン自身の意図を超え，人々の思考を強力に支配するようになった。公平性の理想を語る者を，経済学的思考に乏しい青二才とののしる風潮を生み出しただけではない。効率性と公平性を両立させる可能性を考えることを，潜在的に許さなくなる。「フリーランチ（ただの昼飯）は存在しない」という格言がよく使われる。要するに，そういう可能性は「ないはず」ということになっているのだ。

作られた「あたり前」(2) ——無名＝対等なプレイヤーで構成される市場

　第二に，「市場による経済秩序」という考え方によって，市場には無名の多数のプレイヤーがいるという前提を受け容れることになる。「市場」は，誰にも操作できない，客観的なメカニズムと捉えられる。と同時に，市場に参加するプレイヤーは，誰もが対等とされる。その結果，情報の偏りや操作は，例外と位置づけられる。

　情報の偏り＝「情報の非対称性」は，スティグリッツらによって1970年代から研究が進んだ概念であり，サムエルソンの教科書に正面から扱われることがなかった。そこで，現在の教科書（例えば『マンキュー経済学Ⅰ　ミクロ編』）を見てみると，「情報の非対称性」は，市場支配力・外部性・公共財の供給と並び，「市場の失敗」の一つとして位置づけられている。つまり，情報の偏りがない競争均衡の世界を，相も変わらずベンチマークとして使用し続けているということだ。「情報の非対称性」は普遍的・根源的な問題であり，これを正面から扱うには競争均衡を中心に置くパラダイムから抜け出して，新しいパラダイムを作らなければならない。だが，この新

パラダイム——スティグリッツの用語では「情報パラダイム」——の構築は，まだ個々の理論家の営為に過ぎない。情報の経済学が一般の教科書に浸透した現在においても，いまだわれわれは，競争均衡を基礎に置く「競争パラダイム」から抜け出せていない。

情報の操作を例外とみなすことで，「消費者主権」（企業が何を生産するかは，消費者が何を求めるかに従わなければならない）という概念が生きてくる。消費者がお金による投票（何にお金を使うかの決定）を行い，それが市場という無名の機構を通じて企業を動かすのだ。この考え方を基本とする限り，ガルブレイスのように消費者主権を否定する経済学は，異端の烙印を押される。そして，「企業による生産活動の結果，われわれは豊かになるのか？」という根源的な問いを封殺する。

作られた「あたり前」(3) ——ストックはフローの鏡

第三に，財市場と要素市場によって形成されるフローの循環を経済秩序の基本に据えると，自然とフローを中心に経済を見ることになる。資本・土地の要素報酬はフローの要素市場で決まり，そのストックとしての価格はフローの鏡として決まる。ストックとフローは対応するものであり，そこに片方がもう片方を規定するような因果関係は存在しない。

だが，現実はどうだろうか？　ストックの世界で起こること——例えばバブル——が，フローを強力に規定するという特徴があるのではなかろうか。フローの合理的計算の延長上にストックを位置づけることは，美しいモデルを作ることにはなるが，現実の重要な何かを見失っている。ストックの世界に働く不確実性・慣行・群集心理を，経済理論の中心に据える必要がある。これが，ケインズ『一

般理論』(1936) を支えている重要なメッセージである。ストックはフローの鏡と捉えることで，このケインズのメッセージは失われる。

サムエルソン『経済学』は，多くの「あたり前」を作り出し，われわれの思考を導き，そして制限した。

なし崩し型の「新古典派総合」を超えて

市場経済秩序を基本としつつ，効率・安定・公平の観点から政府が役割を果たすことで，経済はうまく機能するというサムエルソンの考え方——「新古典派総合」——は，戦後の主流をなした。いわゆるケインジアンの時代である。1980年代から，政府介入に懐疑的で，自由市場の力を強調する自由主義的な考え方が勢力を拡大し，ケインジアンは劣勢となった。サムエルソンの新古典派総合は，もはや時代遅れのようにも見える。

だが，現実の推移，特にマクロ経済政策における考え方の推移を見てみると，実際に使われているのは，まさしく新古典派総合である。マクロ経済学のミクロ的基礎だとか，合理的期待形成だとかいう考え方は，経済理論家の内輪の楽しみを増やしただけであった。それらが虚構であることに気付いた後，「政策はテクニカルに語ろう」という風潮が生まれた。市場の調整力と政府介入の有効性を，実証的に，プラクティカルに明らかにすればいい，という方向性だ。かくして現実のマクロ経済政策は，なし崩しの「新古典派総合」である。

こう考えると，サムエルソン『経済学』が敷いた線には，非常に強い意味があったことが分かる。だからこそ，今，そこにある「あたり前」に見える考え方の意味を，もう一度問い直す必要があるの

だ。

ポール・アンソニー・サムエルソン（Paul Anthony Samuelson, 1915-2009）
　アメリカの経済学者。理論的に対立していた新古典派経済学とケインズ経済学を総合した「新古典派総合経済学」を確立する。1970年にノーベル経済学賞受賞。

参考・関連文献
　P・サムエルソン，W・ノードハウス『経済学』（上下，都留重人訳，岩波書店，1992-3年，第12版以降，ノードハウスとの共著となり，2009年の第19版まで続く）
　都留重人編『サムエルソン経済学講義』（上下，岩波書店，1983-4年）
　根井雅弘『サムエルソン『経済学』の時代』（中公選書，2012年）
　根井雅弘『現代経済思想』（ミネルヴァ書房，2011年）（特に，第1章のサムエルソン，第13章のスティグリッツ，第14章のマンキュー）

（中村　隆之）

第2部

マクロ経済学の展開

ロイ・F・ハロッド

『動態経済学序説』
Towards a Dynamic Economics, 1948

高橋長太郎, 鈴木諒一訳, 有斐閣, 1953 年

―― 三本の式が語るマクロ経済の真理 ――

　『動態経済学序説』は, 後にハロッド＝ドーマー・モデルと呼ばれる経済成長理論を世に知らしめた著作である。ハロッドは, ケインズの乗数理論と投資の加速度原理を結び付け, それを, たった三本の方程式 ―― 現実成長率・保証成長率・自然成長率を表す ―― で表現した。この理論は, 経済成長と景気循環を理解する「枠組み」に過ぎず, パラメーターを推計して現実の予測に役立てるような「モデル」ではない。しかし, ケインズ経済学の観点からマクロ的動態を概観するために, ハロッドの理論は, いまだに有効である。

不安定性原理 ―― 現実成長率 ≠ 保証成長率
　ケインズ『一般理論』(1936) の有効需要の原理は, 人口・資本・技術が一定という「短期」の想定を置いている。ケインズは, 有効需要不足による不完全雇用均衡を示したかったので, その目的のために余計なことは省いて論じたのである。だが, 正の貯蓄があり, 投資＝資本蓄積が行われる以上, 資本一定という想定は, 本来はおかしい。そこで, ハロッドは, ケインズ理論を, 人口・資本・技術が変化する「長期」に拡張したのである。

ハロッドの理論を理解するためには、「投資」が持っている二つの意味を考えると分かりやすい。第一に、投資は、その乗数倍の有効需要をもたらす。これは、よく知られたケインズの乗数理論である。第二に、投資は、資本の追加をもたらす。そこで、この投資の二つの役割が、うまくかみ合っている状態を考えてみよう。つまり、ある投資によって、資本設備が増え、同時にその投資によって適切な有効需要が生まれて、資本設備が正常に稼働するような状態である。ハロッドは、このような投資が行われている状態を、保証成長率 G_w (the warranted rate of growth) と表現した。

$G_w C_r = s$ …①

G_w は、$\Delta Y/Y$、Y は総産出（Δ は変化分を示す）、C_r は必要資本係数（産出1単位当たりの適正な資本量）である（保証成長率上では $\Delta K/\Delta Y$ が必要資本係数になる）。K は資本量であり、ΔK は投資 I に等しい。s は貯蓄性向である。貯蓄と投資の均等（$sY=I$）から、上記の保証成長率の式①が導かれる。

保証成長率で総産出と資本が成長してゆく経済は、適正な資本・産出比率（必要資本係数）を保っている。つまり、資本が正常な稼働率を維持しているということだ。よって、企業はこのまま同じ資本成長率を維持する投資を行うだろう（正常な稼働率であれば資本成長率を維持するのかという論点について、後に若干の修正がなされたけれども、議論の本質を損なわないので、ここでは取り扱わない。詳しくはハロッド『経済動学』第2章を参照）。

だが、現実が、この保証成長率になるとは限らない。そこで、もう一つ、現実の成長率を表す式を示そう。

$GC = s$ …②

G は現実の成長率、C は現実の資本係数（資本・産出比率）であ

る。この②式は、G の変化に応じて、C が変わり、つねに成り立っている式である。さて、今、現実の成長率 G が、保証成長率 G_w を上回っているとしよう（$G > G_w$）。この場合、①②式を見比べれば分かるように、$C < C_r$ となる。現実の資本係数が必要資本係数を下回っているということは、すなわち、資本が不足しているということである。よって、資本増加率を高める決断をするであろう。それは、現実の成長率 G をさらに高めることになり、G は G_w からさらに乖離していく。逆に、G が G_w の下方に乖離した場合、下方へとどんどん乖離していくことも明らかであろう。

つまり、保証成長率 G_w という成長経路——資本の稼働率を適切に保つ成長経路——は不安定であり、保証成長経路の両側には、上方あるいは下方へ累積的に乖離していく力が働いているのである。ハロッドは、これを「不安定性原理」と呼んだ。景気動向によって企業による投資決定が左右される限り、どんどん投資をしても資本不足になる好景気もあれば、逆に、投資を控えてもなかなか資本過剰がなくならない不景気もある。二本の式（①②）による結論は、シンプルなものだ。要するに、マクロ経済は根源的に不均衡を抱えており、投資決定に起因する景気循環は不可避なのである。

マクロ経済の基本特性——保証成長率≠自然成長率

ハロッドは、さらに、自然成長率 G_n（the natural rate of growth）という概念を導入する。自然成長率とは、人口増加率と技術進歩率の和であり、要するに経済のポテンシャルを最大限に引き出し、完全雇用を維持する成長率である（技術進歩は C_r を変えないような性質を持つと想定され、それは「ハロッド中立的技術進歩」と呼ばれる）。自然成長率 G_n を保ち、かつ必要資本係数 C_r（適切な資本・産出比

率)を維持するためには,$G_n C_r$ 分の貯蓄性向が必要であるが,実際にそのような貯蓄が行われる保証はどこにもない。よって,偶然を除けば,

$G_n C_r \neq s$　…③

である。適切な資本稼働率を維持する保証成長率 G_w と自然成長率 G_n は,偶然を除けば一致しない,と言い換えてもいい。

　もし,保証成長率が自然成長率よりも高いならば($G_w > G_n$),現実の成長率 G が自然成長率 G_n を上回れることは少ないので(たとえ一時的に上回ったとしても,資源制約=自然成長率の天井に当たって成長を制約される),$G_w > G$ となる傾向が強い。これは,下方への累積的乖離を生じさせるものである。よって,この経済は,好況が長続きせず,不況が長引く傾向を持つ。

　逆に,保証成長率が自然成長率よりも低いならば($G_w < G_n$),上方への乖離が続いて自然成長率の天井に当たっていることが多くなるであろう。この経済では,好況が長続きし,資源制約に当たっているためインフレ基調となり,景気後退は一時的なものとなる。

　保証成長率と自然成長率の大小関係によって,マクロ経済の基本特性が決まる。と同時に,貯蓄の意味も,大きく異なる。$G_w < G_n$ であれば,保証成長率 G_w を引き上げる貯蓄率の増加は,望ましいことである。一方,$G_w > G_n$ であれば,貯蓄は不況の原因であり,慢性不況にならないためには,貯蓄率を引き下げる必要がある。

　自然成長率と保証成長率の乖離という問題の捉え方は,その経済のマクロ的な基本特性を知るうえで,非常に便利なツールである。例えば,日本の高度成長期は G_n が高い(人口成長率と技術進歩率が高い)ため,好況が長続きし,インフレ基調だった。逆に,人口成長率が非常に低くなっている現在は,G_n が低いのだから,慢性不

況の傾向がある。人口減少社会は，マクロ経済の基本原理からして，非常に厳しい状態なのである。

ハロッド理論と新古典派成長モデル

ソローは，ハロッド理論が必要資本係数 C_r を一定と仮定していることを問題にし，必要資本係数が可変的な新古典派成長モデルを生み出した。以来，ハロッド理論は必要資本係数が固定されているプリミティブなものであり，新古典派成長モデルによって乗り越えられたと，一般には評価されている。

だが，このような位置づけは，ハロッドの側からすれば，甚だ不満であろう。必要資本係数 C_r が動くことで，$G_n C_r = s$ を成り立たせ，自然成長率（完全雇用での成長）が達成されるというソローの論理は，貯蓄と投資が等しくなることを通じて完全雇用が達成される「セー法則」である。これは，「貯蓄とは独立に，投資が決定される」というケインズ経済学の大原則に反することだ。

そもそも，ハロッドの理論は，C_r の固定性など必要としていない。ソローの想定のように，まったく都合よく C_r が動いてくれる場合を除けば――セー法則の世界でないならば――，不安定性原理（＝遠心力の作用）はつねに成り立つのである。

利子のない世界――ハロッドの動態論的思考の一例として

『動態経済学序文』序文で，ハロッドは「われわれは，遅かれ早かれ，再び経済沈滞の問題に直面するであろう」と述べている。つまり，彼はこの時点で，経済は貯蓄過剰（つまり $G_w > G_n$）であると認識していたのである。彼は，必要資本係数 C_r の上昇，貯蓄性向 s の低下によって保証成長率を自然成長率に近づける対策には限

界があると指摘した上で，残された策として，恒常的な財政赤字を提唱する。それは，公債の利子負担があっては実現できないので，利子をゼロにする必要がある（利子は付かないがインフレで目減りしない「貯蓄証明書」を発行する）。

利子ゼロの世界は，ケインズが『一般理論』において「金利生活者の安楽死」と呼んだものである。これに対するハロッドの意見が，大変興味深い（第5章）。これまで資本主義という体制が批判されてきたのは，利子という寄生的な所得があり，その複利の効果によって強い者がますます強くなるという構造があったからだ，とハロッドは言う。だから，利子ゼロになれば，自由企業と利潤動機に対して，尊敬を取り戻すことができる。自由競争の世界でお金を稼ぐことは，世に認められる素晴らしい財を提供することであり，自身でも誇らしく，また世間からも尊敬されることなのだ。

しかし，ハロッドは，金利生活者，なかでも莫大な財産を持ち，自立的に生きる上流階級がいなくなることで，重要な社会的損失が生まれることに，注意を喚起する。その上流階級こそが，生活の基調（tone）を作り，正しい思考のコードを確立してきたからである。また，この上流階級がいたからこそ，科学・芸術が発展してきたのである。上流階級から，継続的な収入源＝利子を奪うならば，その没落の速度は早まるだろう。そして，上流階級は，たんに金儲けのうまい人々に占められることになる。これでは，文明の基礎が破壊されてしまう。そこで，ハロッドは，利子をゼロにするならば，代わりに相続税を撤廃し，自立的な生き方をする財産保有者を没落させないようにしよう，と提案する。上流階級が，遺伝と伝授によって，優れた能力・知性・文化を継承・発展させることを，ハロッドは重く見るのである。

ハロッドの提案には，おそらく賛否があろう。しかし，より重要なことは，この彼の思考が「動態論」であるということだ。彼は，変化＝成長を，その原動力とともに分析することを動態論と呼んだ。「誰に富を渡せば成長（＝全体の価値の増加）が促進されるか」というハロッドの動態論的思考から，多くの学ぶべき点がある，と私は思う。

―――――――――――

ロイ・F・ハロッド（Roy Forbes Harrod , 1900-1978）
　イギリスの経済学者。ケインズの高弟のひとりとしてケインズ理論の普及に努めるとともに，独自の理論も展開した。『ケインズ伝』など邦訳は多数あるが，入手しやすいものとして次がある。『景気循環論』（宮崎義一訳，中公クラシックス，2011 年）。

参考・関連文献
　ハロッド『経済動学』（宮崎義一訳，丸善，1976 年）
　根井雅弘『現代イギリス経済学の群像』（新版，岩波書店，1995 年，第 6 章「自信と不安の錯綜　R・F・ハロッドの生涯」）
　中村隆之『ハロッドの思想と動態経済学』（日本評論社，2008 年）

（中村　隆之）

ロバート・M・ソロー

『成長理論』
Growth Theory: an Exposition, 1970, 2nd ed., 2000

福岡正夫訳『成長理論』岩波書店，1971 年（第 2 版，2000 年）
──「定型化された事実」から出発せよ──

　ロバート・ソローは，1924 年にニューヨークに生まれ，1940 年に奨学金を得てハーバード大学に進学。戦時中は軍隊に入り，学業が中断した後，経済学を専攻すると決意。産業連関分析で著名なワシリー・レオンチェフに師事した。彼から，現代経済理論の粋とともに，経験を重視するスピリットを学ぶ。1949 年にマサチューセッツ工科大学（MIT）に助教授として就任し，サムエルソンの隣の研究室になった。1956 年には，新古典派成長モデル（ソロー＝スワン・モデルとも呼ばれる）を明快に示した「経済成長理論への一貢献」を発表し，1957 年には，成長の要因分析＝成長会計への道を開いた「技術進歩と集計的生産関数」を書いた。この二論文は経済成長理論における不朽の功績であり，この功績に基づき，1987 年にノーベル経済学賞が授与された。

　「経済成長」は，実に興味深い研究対象である。GDP 成長の趨勢に数％の違いがあれば，一世代後には大幅な差となる。だからこそ，経済学者は，成長のメカニズムを解明し，趨勢がいかに決まるのかを分析しようと，必死になってきた。ソローは，先の二論文以来，その経済成長理論のフロントランナーとして活躍していた。彼が，

ウォリック大学で六回の講演をし，これまでの自分の考えを整理したのが，『成長理論』（1970）という著作である。ここには，彼が何を考えて経済成長理論を作ってきたか，そのスピリットが表れている。一言で言えば，理論モデルは，美しさや内的整合性のためではなく，「定型化された事実（stylized facts）」をうまく説明するように構築されなければならない，という姿勢である。

恒常成長という「定型化された事実」とハロッド＝ドーマー・モデルの矛盾

「定型化された事実」という用語は，ニコラス・カルドアが1958年の学会報告で使ったものである（論文としては「資本蓄積と経済成長」（1961）で，『経済成長と分配理論』第1章に所収）。彼は，「労働生産性は趨勢では一定の率で持続的に成長する」「資本・産出比率は長期的に安定している」など，経済成長の特徴的事実を六つ挙げた。ソローの論文は1956年であるから，直接カルドアから示唆を受けたわけではない。けれども，彼は，特徴的な事実を説明できるように理論モデルを構築しようという考えを，元から持っていた。

ソローが重視したのは，「経済は趨勢で見れば恒常成長している」という事実である。いつまでも労働力不足が続くこともなく，失業率が増加して止まらないということもない。短期的なアップダウンを取り除けば，平均的にはある程度の失業率を保ちながら恒常成長している。つまり，経済は，趨勢においては，労働増加率と生産性上昇率の和（g_n）で成長しているのだ。

ところが，ハロッド＝ドーマー・モデルにおける恒常成長の条件は，この事実と矛盾する。貯蓄率をs，産出1単位に必要な資本量（必要資本・産出比率）をvとすれば，恒常成長率gは，$g=s/v$を

満たさなければならない。これが、ハロッド＝ドーマーの条件である。しかし、この恒常成長率 g は、偶然を除き、自然成長率 g_n と一致しないだろう。よって、ハロッド＝ドーマーの条件を満たす恒常成長をしているならば、つねに労働力不足（$g>g_n$）か、もしくは失業率が無限に増大していく（$g<g_n$）ことになる。

従って、ハロッド＝ドーマーの恒常成長の条件は、どこかがおかしいということになる。ソローは、必要資本・産出比率 v が固定されているのがおかしい、と考えた。資本 K と労働 L の投入量次第で産出量 Y が決まる生産関数 $Y=F(K,L)$ を考えてみよう。資本 K を増やしていけば、産出量 Y も増えるが、その増え方はだんだん弱くなる（要素に関する収穫逓減）という前提を置けば、資本・産出比率（$v=K/Y$）は一定ではなく、変数と考えた方がいい。よって、資本・産出比率 v が適切な値に調整されることで、自然成長率での恒常成長が可能となる。これが、ソローの新古典派成長モデルである。

ソローの新古典派成長モデルは、貯蓄と投資を自動的に一致させ、資源の完全利用を保証する。これは、投資不足によって有効需要不足が起こるケインズの世界の否定である。だが、ソローは、市場に任せれば何でもうまくいくと言いたいわけではなかった。あくまで、恒常成長という定型化された事実を説得的に説明できるモデルとして、これを提示したのである。

成長会計——何が経済成長をもたらすのか？

ソローの新古典派成長モデルは、成長会計という副産物を生んだ。彼は、1957年の論文で、このモデルに登場する生産関数を用いて、経済成長の要因分析をしようと考えたのである。分かりやすいよう

にコブ=ダグラス型の生産関数 $Y=AK^\alpha L^{1-\alpha}$ をとる（A は定数，$0<\alpha<1$）。この生産関数は，規模に関する収穫一定という性質（K と L を両方 2 倍すれば，Y も 2 倍になる）を持っている。1 期の投入 $K_1 \cdot L_1$ によって産出量 Y_1 が出てきているとしよう。第 2 期において，投入が $K_2 \cdot L_2$ に増えたとする。生産関数が元のままならば，産出量は関数に従って Y_2 となるはずだ。だが，現実には $\overline{Y_2}$ になっていたとしよう。この差——「ソロー残差」と呼ばれる——は，技術進歩によるものである。こうして，Y_1 から $\overline{Y_2}$ への現実の成長が，資本の増加（$K_1 \to K_2$），労働の増加（$L_1 \to L_2$），技術進歩の三つの要因に分解されるのである。これが，いわゆる「成長会計」のアイディアである。

ソローは，このアイディアをアメリカ経済に適用した結果，経済成長の 7/8 は技術進歩によるものだと示された。これは，ある意味驚くべき結論であり，さまざまな解釈を生む議論の発端となった。

内生的成長理論への批判

経済成長の大部分が技術進歩によるものだとすれば，技術進歩の速度はどのようにして決まるのだろうか？ 人々は当然，そこに関心を持つのであるが，ソローのモデルはそれに答えることはできない。新古典派成長モデルにおいて，技術進歩率は外生的に与えられるものだからである。

1970 年の『成長理論』初版以後，1980 年代になって，この問題に対する新しいアプローチが登場してきた。ロバート・ルーカスやポール・ローマーによる「内生的成長理論」である。その名の通り，技術進歩率が内生的に決定されるモデルであり，人的資本の蓄積に注目したり，知識が知識を生む土台になることに注目したりする。

彼らの貢献から、さまざまな内生的成長モデルが開発されてきた。だが、ソローは終始、この研究の方向性に懐疑的であった。

> *形式的な、あまり面白くない意味においては、内生的技術進歩の理論はたやすくつくり出せる。それには $A(t)$ の動学を、すでにモデル内に現われている変数のどれかに結び付けて語れば事がすむのである。…[しかし]、人を納得させる話を語るのは、たやすいと言うには程遠い*（『成長理論』第二版、訳141-2ページ）

『成長理論』第二版は、初版の六回講義に、1987年のノーベル賞受賞講演と、1992年にシエナ大学で行った六回講義を加えたものである。ここでのソローの見解は、まさに彼のスピリットが表れている。さまざまな理論モデルを作るのは簡単だが、事実から出発しない理論モデルから、説得力のある説明が生み出されることはないのだ。

新しい「定型化された事実」から出発せよ

ソローの新古典派成長モデルの出発点は、恒常成長という事実であった。それが、結果として、ケインズの本質である有効需要の問題を消し去り、あたかも市場には自動調整機能があるかのような扱いを生み出した。それが、恒常成長への関心の集中になった。市場の力で生産資源は完全雇用される。短期的な景気循環は、些細な問題に過ぎない。ならば残る問題は恒常成長の高さを決めている要因、つまり技術進歩を説明することだ。このように進んで、内生的成長理論に行き着いたのである。

だが、ソローは、そもそも恒常成長に重きを置き過ぎた、と考えるようになった。恒常成長という事実は、趨勢を理解するための一次接近としては有用である。だが、趨勢以外を無視し、短期・中期

的な有効需要の問題を軽んじることになる。より具体的に言えば，有効需要の不足の期間が長引けば，それによって技術進歩が妨げられ，長期的な潜在生産能力が落ちてしまうという可能性を，考慮しなければならないということだ。趨勢線は，短期・中期的な変動から独立に存在するわけではない。

　「価格は長期的には伸縮的である」という言い慣わされてきた理由によって，経済は究極には均衡経路に戻るかもしれない。しかし，もし戻るとしても，そして事実上戻った場合にも，それは逸脱する前と同じ均衡経路の延長上には戻らないだろう。新しい均衡経路は，不均衡の期間に行われた資本蓄積の大きさに依存し，おそらくはまたその間の失業の量，特に長期的失業の量にも依存するだろう。もし，技術の変化が恣意的に生じるものではなく，内生的なものであるならば，技術水準さえ前とは違ったものになるだろう（『成長理論』第二版，訳13ページ）

　かくして，ソローは，恒常成長という前提の上に理論を積み重ねていくのではなく，新しい「定型化された事実」の発見の上に，新しい成長理論を築いていくべきだと考えるようになった。

　この方向性に関して，2008年にデューク大学で開かれた，ソローの業績をテーマとしたカンファレンスで，彼が述べたことが興味深い。彼は，カンファレンスのプログラムを見て，足りないと思った点があるという。それは，経済成長に関する「定型化された事実」への真剣な関心だ，と。そして，これからの成長を考える上で注目すべき点として，次の三つを挙げる。

　① 製造業からサービス業へのシフト
　② 資源・環境の制約
　③ 成長によって不平等になるという問題

どれも極めて重要なことである。つねに「定型化された事実」の発見から出発しようとする彼のスピリットを，われわれは大いに学ぶべきであろう。

ロバート・マートン・ソロー（Robert Merton Solow, 1924- ）

　アメリカの経済学者。サムエルソンと並ぶ戦後アメリカ経済学の代表的研究者。1987年にノーベル経済学賞受賞。邦訳された著書に『資本理論と経済成長』，『資本　成長　技術進歩』，『資本理論と収益率』（以上，竹内書店）など。

参考・関連文献
　根井雅弘『現代経済学講義』（筑摩書房，1994年）（第9章「経済動学を求めて」）
　C・I・ジョーンズ『経済成長理論入門　新古典派から内生的成長理論へ』（香西泰監訳，日本経済新聞社，1999年）
　R. M. Solow, "Does Growth Have a Future? Does Growth Theory Have a Future? Are These Questions Related?", *History of Political Economy* 41 (suppl. 1), 2009.

（中村　隆之）

ジェイムス・トービン

『マクロ経済学の再検討』
Asset Accumulation and Economic Activity, 1980

浜田宏一，藪下史郎訳，日本経済新聞社，1981年

――新古典派総合からの反撃――

守勢に回った新古典派総合

2008年秋に生じたリーマンショックは，経済学にも大きな影響を与えることになった。市場メカニズムに任せておく方が，マクロ経済のパフォーマンスの面でも良いという考え方が圧倒的だった状態から，政府による経済への規制や直接的な介入を是とする考え方が復権し，それに伴い長らく主流派の立場から追いやられてきた観のある「ケインズ経済学」が再び脚光を浴びることになったのである。

しかし，そもそも，戦後主流派の地位を獲得していたケインズ経済学がなぜその地位を追われてしまっていたのか。このいきさつを理解するためには，1970年代から80年代にかけてのマネタリズム論争を振り返る必要があろう。1960年代後半から，世界的に徐々に高まりつつあるインフレをどのように退治するかが，マクロ経済では大きな関心事となっていた。当時は，マクロ経済の運営にはケインズ経済学を用いるが，完全雇用を達成した暁には，通常のミクロ経済学を用いるという新古典派総合が主流であった。しかし，昂進するインフレーションを前に，彼らはうまく処方箋を書くことが

できなかった。のみならず、1973年に生じたオイルショックを背景として、インフレーションと景気後退が同時に生じるというスタグフレーションに見舞われることによって、新古典派総合の経済学に対する信頼は大きく傷ついてしまった。そこへ登場してきたのが、M・フリードマン率いるマネタリズムの一派であった。彼らは、政府の裁量的な政策が、長期的には効果を持ち得ず、インフレーションと失業率の間には、トレードオフが存在しないと主張したのであった。それは、金融政策と財政裁策とをうまく組み合わせることで、経済の状態をうまくコントロールできるというファインチューニングを説いてきた新古典派総合の経済学者に対して、理論的にも政策的にも痛烈な攻撃となったのであった。このような流れの中、最後まで「新古典派総合」の立場を明確に持ち続け、マネタリズムに抗したのがトービンであり、その抵抗の書が本書である。

新しい古典派経済学による批判

　マネタリズムによる新古典派総合批判は、次のようなものであった。新古典派総合の経済学は、インフレーションと失業率の間の、トレードオフ関係を示すフィリップス曲線を前提として、理論がくみ立てられていた。これは、A・W・フィリップスが1958年の論文で発表した経験的事実に基づくものであった。しかし、マネタリズムの総帥フリードマンはこの関係が安定的ではないと断じた。事実、1970年代から80年代にかけてフィリップス曲線は、そのグラフの位置を頻繁に変え、安定しなくなった。加えて、石油危機を背景に、インフレ率が高いのに失業率も高いという「スタグフレーション」の状況も見られるようになってしまった。そのため、フリードマンは、政府による景気拡大策はインフレ率を引き上げるだけで、

長期的には失業率を引き下げることはできないと結論づけたのであった。

だが，本当の意味での新古典派総合の試練はここからであった。マネタリズムの後，1970年代から理論の世界で力を持ち始めたのは，R・ルーカスらがはじめた「合理的期待革命」であった。彼らの新古典派総合に対する批判は，一言で言ってしまえば，ケインジアンのよって立つ根拠が，アドホックであるということであった。つまり，個人の合理的な選択行動から理論の構築を始めていないために，与件の変化によって個人が行動を変えたとしても，それをとらえることができないというのである。例えば，フリードマンが指摘したフィリップス曲線の不安定化も，次のように考えれば良い。

金融当局が貨幣量を増加させれば，短期的には失業率は下がり，生産量は増加するが，最終的には生産量は不変で，インフレ率を引き上げるだけに終わる。この一連の過程を，人々がいったん理解してしまえば，金融当局が貨幣量を増加させたら，すぐに高いインフレ率が実現することを予見することになるであろう。すると，最終的には生産量が変化しないのだから，人々は政策に対して何の反応も示さなくなるであろう。これはフィリップス曲線の位置が瞬時にシフトすることを意味する。そうなると，政府による意図的な政策は，その帰結を「正しく予見する」人々の行動によって無効化されてしまうのである。

しかし，本当にそうなのであろうか？　トービンは，新古典派総合ケインジアンとして真っ正面から反論する。トービンにとって，マネタリズム論争は，ツールこそ違えども，1930年代にケインズとその批判者との間で交わされた論争の焼き直しに過ぎない。それは，市場経済に自己調整能力が備わっているかどうか，あるいは逆

に言えば政府による政策的な介入が，果たして経済を正しい均衡に近づけることが可能かどうかという論争である。

トービンによる反批判の要点のうち，重要なのは次のものであろう。政府による裁量的政策が「最終的に」効果を持つかどうかという点だけに注目すれば，フリードマンらのマネタリズムも，ルーカスらの合理的期待形成学派も同様である。しかし，トービンは両者の間には大きな溝があることを指摘し，前者をマネタリズムマーク1，後者をマネタリズムマーク2と呼んで，区別した。その上で，前者とケインジアンは，裁量的政策の効果については意見を同じくしており，裁量政策の必要性と望ましさに関して，意見を違えたに過ぎないと主張した。

しかし，新しい古典派経済学とも呼ばれるR・ルーカスらマネタリズムマーク2と新古典派総合とは根本的に異なる。新しい古典派経済学は，人々が使える情報をすべて使って期待を形成するという「合理的期待」だけでなく，「連続的な市場均衡」をも想定しているという。

この点を少し詳しく見ていこう。トービンによれば，金融市場に典型的であるが，市場参加者の予想する将来の価格や数量といった変数の分布や期待値は，参加者ごとに異なることが多い。いやむしろ，異なるからこそ市場が成立している側面がある。それゆえ，あたかも同一の分布を想定するような経済主体ばかりから構成されているような経済体系は，現実的とは思えない。

次に，連続的な市場均衡の想定であるが，これは現実的とは言えない。ルーカスは，労働市場における不均衡即ち非自発的失業の存在を認めない。つまり，いかに経済が変動しようがそれは人々が合理的に行動した結果である，という意味において，連続的市場均衡

の状態にあると想定していることになる。このような扱いは、例えばL・ワルラスの市場過程における競り人の果たすべき役割が、非現実的なほど過大になっていることを意味する。確かに、すべての需給が一致するまで、競り人が競りを続けて均衡価格を見つけ出し、しかる後に、取引を始めるなどと言うことは現実的にはあり得ない。実際には、均衡価格かどうかわからないまま取引を始めることもあるであろう。いったんこういった「現実」を認めるならば、抽象的な連続的市場均衡を仮定することはできない。その結果、政策無効命題に見られるような極端な主張は崩れ去るであろう。

　トービンは、モデルの精緻化を追求するのではなく、フルコスト原理を初めとして、実際の経済で経済主体が行動している方法に関して、もっと知るべきであると主張するのである。

現実への強い意志

　トービンは、1961年に当時のJ・F・ケネディ政権の下でCEA（大統領経済諮問委員会）のメンバーになった。大統領からの電話での勧誘に対して、自らを「象牙の塔の学者だ」と述べたと述懐している。たしかに、トービンに理論的な業績が非常に多いことは間違いない。しかし、一方でその理論は、強烈な現実感覚に裏打ちされていたことも事実である。吉川洋が『ケインズ』（ちくま新書）で紹介しているエピソードの中で、イェール大学に講演に来ていたルーカスに対して、自らが大恐慌の体験者であるがゆえに非自発的失業の存在を強く主張したことが書かれている。つまり、トービンにとって、経済理論は現実から遊離した知的な遊戯であってはならず、常に現実との緊張関係が保たれなければならないのである。本書は、基本的には理論的に新古典派総合の立場を擁護したものである。に

もかかわらず，常に現実的であるかどうかという点への配慮も忘れていない。むしろ，トービンにとって新しい古典派経済学に対する最も大きな批判点は，その非現実性なのである。

　本書の内容は，新古典派総合の名前を見ることがほとんどなくなった今日となっては，過去の論争を今に伝えるだけの意味しかないのであろうか？　幸か不幸か，そんなことは全くないのである。

　バブル経済崩壊以降の20年間続く日本経済の停滞，これは日本だけでなく世界的な経済学者の関心も誘った。量的緩和派とも呼ばれる——P・クルーグマンや前FRB議長のB・バーナンキも含まれる——金融緩和による景気浮揚を主張する人たちの考え方は，日本の経済運営にも大きな影響を持った。貨幣量を大幅に緩和することで，物価を引き上げデフレから脱却できると彼らは主張する。これは，一面では裁量的な政策の有効性を主張する「ケインジアン」からの，新しい古典派経済学への逆襲と言えるかもしれない。しかし，ことはそう単純ではない。

　量的緩和派が主張している内容の鍵は，貨幣量の増加による物価の引き上げであろう。そして，その結果景気浮揚効果を持つと主張する。つまり，彼らはマネタリズムを新古典派総合に「接ぎ木したもの」であることがわかる。そもそも，新古典派総合自体がケインズ経済学とミクロ経済学の無理な接合であると批判されていたことを考えてみれば，量的緩和派による接合が，理論的にも政策的にも成功するかどうかは，さらに慎重に検討してみる必要がある。どうして貨幣量の増加が，そのまま物価を引き上げるのか，この肝心のポイントが必ずしも明確にされていない。また，一部の論者が主張するように，物価が上がることで実質負債が軽減されるとして，果たしてどの程度のインパクトを経済に与えるのか，この点も精査が

必要である。こういった現代的な課題にも，本書は光を投げかけるであろう。

本書で展開されたトービンの議論を見る限り，現実という物差しをかざして理論を見ていく必要が強く感じられる。そして，そのメッセージの受け取り方は，人により様々であろうが，いずれにせよ深く考えさせられる論点であろう。量的緩和という実際に採られた政策に対して，トービンの高弟である吉川洋氏の立場と，トービンのかつての同僚であり本書の訳者に名を連ねている浜田宏一氏がとる現在の立場の違いを考えると，より感慨深いものがある。

ジェイムス・トービン（James Tobin, 1918-2002）

アメリカの経済学者。1981 年，ノーベル経済学賞受賞。投機目的の取引抑制のため国際的な為替取引に低額の税を課すトービン税の提唱者。邦訳に『金融論』（藪下史郎ほか訳，東洋経済新報社，2003 年）など。

参考・関連文献

ウィリアム・ブレイト＆ロジャー・W・スペンサー編『経済学を変えた七人』（佐藤隆三ほか訳，勁草書房，1988 年）

吉川洋『ケインズ　時代と経済学』（ちくま新書，1995 年）

R・ゴードン編『フリードマンの貨幣理論　その展開と論争』（加藤寛孝訳，マグロウヒル好学社，1981 年）

（廣瀬　弘毅）

ロバート・E・ルーカス Jr.

『マクロ経済学のフロンティア　景気循環の諸モデル』
Models of Business Cycles, 1987

清水啓典訳，日本経済新聞社，1988年

——マクロ経済学とミクロ経済学の関係——

初学者が経験する混乱

　おそらく，経済学の初学者の多くが面食らい，混乱することは，経済学が「ミクロ経済学」と「マクロ経済学」とに分かれていることなのではないだろうか。数多ある経済学の入門書では，ほぼ例外なく，経済学が「ミクロ経済学」と「マクロ経済学」とに分けられることそれ自体の理由については十分な説明がなされていないからである。典型的には，「ミクロ経済学」と「マクロ経済学」とが存在することについては，扱う経済問題や分析対象がどのように異なるのかについての記述をもって，経済学が「ミクロ経済学」と「マクロ経済学」とに分けられていることの説明とされているようである。

　入門書によっては，経済学が大別すると「ミクロ経済学」と「マクロ経済学」とに分けられるということは所与としながらも，学界における現状をふまえて，「マクロ経済学はミクロ経済学によって基礎づけられるべきだと主張する経済学者もいます」というような記述を加えていたりするのだが，このような記述はさらに，初学者の混乱を招いているのかもしれない。あるいはまた，専門を尋ねら

れたとき,「マクロ経済学です」と回答する経済学者はいても——実際,本書の日本語版への序文においても,ルーカスはそのように述べている——,「ミクロ経済学です」と回答する経済学者は皆無に近いことに,勘の良い初学者は気づくかもしれない。だが,このことも,初学者にとっては,さらなる混乱の原因となっているのかもしれない。

経済学はなぜ,「ミクロ経済学」と「マクロ経済学」とに分かれているのだろうか。両者の間には,何らかの関係があるのだろうか。あるとしたら,それは,いかなる関係なのだろうか。

結論から先にいえば,上で述べてきたような,初学者が経験する「混乱」の原因は,1970 年代から 1980 年代半ばまでの時期におけるマクロ経済学の変容にある。その変容は,「ケインズ革命」に対する「反革命」であると指摘されることもあるが,いずれにせよ,そのようなマクロ経済学の変容を促した人物を一人だけ挙げよという問いに答えるとするならば,それは,本書の著者であるルーカスである。だが,ルーカス自身は,本書において,1970 年代から 1980 年代半ばまでの時期におけるマクロ経済学の変容——それは,以降の初学者に少なからぬ混乱を招くようになったわけであるが——は,「発展」であり「進歩」であると述べている。

ルーカスの登場以降,「マクロ経済学のミクロ的基礎づけ」と呼ばれるアプローチが,経済学における研究プログラムとして認定されることになった。つまり,学界においては,「ミクロ経済学が主,マクロ経済学は従」という考え方,言い換えれば,「マクロ経済学は応用ミクロ経済学の一つである」という理解が主流となったのである。

本書は,1980 年代半ばの時期,当時のマクロ経済学における最

先端の研究課題に関するルーカスの講演をまとめたものである。想定している読者は専門家であるため，経済学の初学者にとっては，必ずしも理解しやすい内容のものではないが，初学者にも，ぜひ一度は手に取って繙いてみてほしい。というのは，本書が出版された当時の「最先端」は，現在では「常識」になっているからであり，本書は，現在のマクロ経済学においては標準的となっているがゆえにその背景的な説明が省略されることの多い，問いの立て方やモデル開発のスタイルなどの趣旨を理解するための恰好の案内書として位置づけることができるからである。

合理的期待「革命」とその後の「フロンティア」

本書が出版された時期までのルーカスの業績は，大きく分けると二つに分けられる。一つは，経済主体に関する合理的期待形成仮説を組み込んだマクロ経済モデルの開発とそれがマクロ経済政策に対して有する政策的含意——「政策無効命題」として知られる——の提示である。そして，もう一つが，本書の中心的なテーマとなっている，経済主体の意思決定とそれに影響を与えるインセンティブを明示的に考慮した——ミクロ経済学的な基礎をもった——適切な政策評価が可能となるマクロ経済モデルの開発である。合理的期待形成仮説の考え方は，本書で示されている議論の基礎として位置づけられるので，以下，簡単に解説することとしたい。

合理的期待形成仮説の基本的な考え方は，次のようなものである。通常，経済主体はある特定の一時点だけの情報にもとづいて，現在という一時点だけに関する意思決定を行っているわけではない。経済主体は，現在から将来にわたる期間を通じて，最適な選択（消費計画や生産計画）を実行しようとする。このとき，経済主体は，将

来における自らの選択に影響を与えうる環境に関する予想をもっていなければ，現在における選択を行うことができない。たとえば，自分の自由に使える所得が来年からは今年までよりも大幅に減ることが予想される場合とそうでない場合とでは，今年に所得をどれだけ使うかが変わってくるはずである。このように，将来の出来事に関する経済主体の予想は，一般に，その主体の現在の選択に影響を及ぼしうるのであり，将来に関する予想と無関係で独立であるような経済活動はほとんどないといってよい。私たちが，「過去の積み重ねがあるからこそ現在がある」と素朴に認識して日々を過ごしているとしても，こと経済においては，「将来が現在を決める」という側面が確かにあるのである。

　さて，「将来が現在を決める」という場合には，いったいどのような問題が生じることになるのだろうか。たとえば，現在において，金融政策が変更されたとしよう。その場合には，その金融政策の変更が影響を与える将来に関する経済主体の予想が変化することになり，その結果，経済主体の現在における選択が変化することになる。このようにいうと，至極当然のことを主張しているだけではないかと思われるかもしれない。だが，ルーカス以前には，この「至極当然」のことが，経済政策の評価を行う際に，考慮はされていなかったのである。すなわち，ルーカス以前には，経済主体が過去に行った選択の結果にもとづいて経済モデルのパラメーターを推定し，その経済モデルにもとづいて，将来実行される経済政策の評価が行われていたのである。このような方法では，現在から将来にかけて政策が変更された場合に生じる効果が，すべて無視されてしまうことになる。したがって，その場合には，政策の効果に関する評価は，過大なものか過小なものかのいずれかになってしまうのである。

第2部 マクロ経済学の展開

本書で考察の対象となっている「フロンティア」とは、いま述べたような問題に対処するためになされた一連の研究のことである。そして、本書が書かれた当時の「フロンティア」は、現在では、マクロ経済学の「コア」となっているのである。

マクロ経済学のミクロ的基礎づけ

経済主体にとっての環境の一つである「将来」に関する経済主体の予想と、それにもとづく経済主体の意思決定を明示的に考慮しない経済モデルに依拠して経済政策の効果を評価する場合には、政策の効果を過大評価するか過小評価するかのいずれかに陥ってしまう——これが、後に「ルーカス批判」と呼ばれることになった、ルーカス以前のマクロ経済モデルに対するルーカスの批判の骨子である。そして、この批判が、現在「マクロ経済学のミクロ的基礎づけ」と呼ばれるアプローチを大きく後押しすることになったのである。

政策の過大評価や過小評価を避けるためには、経済モデルは、それが分析やシミュレーションの対象とする事象の変化による影響を受けないものを基礎としていなければならない。そのようなものとして想定されるのは、通常、消費者の選好（効用関数）や生産者の技術（生産関数）である。経済政策の効果を評価するマクロ経済モデルを消費者の選好や生産者の技術だけに基づいて設計するならば、そのマクロ経済モデルは、政策を含む環境の変化から影響を受けない頑健な関係を基礎としているという意味で、「基礎づけられた」ということになる。そして、その「基礎」は、実際には、選好や技術といった経済主体の特性以外にはありえないので、「ミクロ的」になるということである。そして、ルーカスが本書で示しているのは、そのような「ミクロ的基礎」をもつマクロ経済モデルの開発

――マクロ経済学のミクロ的基礎づけ――の方向性である。

　本書においてルーカスが示したマクロ経済学のミクロ的基礎づけの方向性は，理論的には，動学的最適化理論と確率的制御理論とを一般均衡理論の枠組に導入し，それらを統合することであった。そして，それから四半世紀以上が経過した現在，ルーカスが「将来確実に発展すると思われる」と述べるとともに示した方向性は，現在では「動学的確率的一般均衡理論」と呼ばれており，マクロ経済学における主流のアプローチとして結実している。

　他方，本書の最終節において，ルーカスは，自らの提示した方向性にしたがってマクロ経済学が発展していくならば，「「マクロ経済学」という用語は使われなくなり，「ミクロ」という修飾語も不必要になる」と期待を込めて述べている。しかし，こちらの方は，現在のところ，ルーカスの予想ないし期待に反して，実現されてはいない。現状では，少なくとも経済モデルの開発手法においては，ミクロ経済学とマクロ経済学を区別するのは困難となっているにもかかわらず，なぜ，現在でも，ミクロ経済学とマクロ経済学という区別は維持され続けているのだろうか。そこには，専門家集団における「分業の利益」以外の何らかの理由があるのだろうか。

　たとえば，本書においてルーカスは，金融政策によるものであれ財政政策によるものであれ，景気安定化政策を実行することによって得られる利益は通常考えられているよりもはるかに小さいというシミュレーション結果を，ミクロ的基礎をもつマクロ経済モデルに即して示している。あるいはまた，「非自発的失業」という概念は理論的な厳密性を欠き，濫用されているという見解を繰り返し示している。しかし，これらのことは，実質的には，「社会」現象の原因が個人の意思決定にあるという内容の主張を含意し，さらにいえ

ば,経済学は,個人の意思決定を対象とする「行動科学」であり「社会科学」ではないと主張することに等しいともみなしうる。

　以上述べたようなことをふまえると,理論が記述力・説明力を有することと人々に対する説得力とを有することが区別されることこそが,社会科学としての経済学が自然科学と区別される根本的な理由の一つであると理解してもよいのであろうか。

ロバート・ルーカス（Robert E. Lucas, Jr., 1937- ）
　アメリカの経済学者。現在,シカゴ大学教授。1995年,ノーベル経済学賞受賞。

参考・関連文献
　ブライアン・スノードン,ハワード・R・ヴェイン『マクロ経済学はどこまで進んだか』(岡地勝二訳,東洋経済新報社,2001年)

（寺尾　健）

N・グレゴリー・マンキュー

『マクロ経済学』
Macroeconomics, 1992, 7th ed., 2010

第3版 I・II，足立英之ほか訳，東洋経済新報社，2011年・2012年

——第一線の研究者による初めての教科書——

「教科書ライター」の消滅

　本書の原著初版が出版されたのは，1992年である。当時，マンキューの名を知るのは，経済学の専門家（大学教授や大学院生など）のみであった。原著が7回の版（邦訳は3回の版）を重ね，原著の初版が出版された年に生まれた者がすでに大学を卒業している現在，マンキューの名は，世界数十か国の経済学部生の知るところとなっている。

　マンキューの『マクロ経済学』は，むろん，歴史上初めて書かれたマクロ経済学の教科書ではない。しかしながら，経済学の教科書は，マンキューの『マクロ経済学』以前と以後とで明確に区別されるといってもよい。マンキュー以前は，経済学の教科書は，サムエルソンのような例外を除いて，ほとんどが「教科書ライター」の手によるものであった。すなわち，学術雑誌に掲載される論文で名の知られている者が経済学の教科書を執筆することは，ほとんどなかった。端的にいえば，ノーベル経済学賞の候補としてその名が挙げられるような研究者が経済学の教科書を執筆することはまずなく，研究活動と教育活動とが明確に分離されていた。だが，マンキュー

以後，学界の一線で活躍する経済学者が教科書を執筆することは珍しいことではなくなり，その結果，「教科書ライター」という言葉を耳にすることもほとんどなくなった。

マンキューの執筆した教科書が与えた影響は，経済学の歴史上，特筆すべきことである。というのは，ケインズが『一般理論』の終章でいみじくも述べているように，いまでも，「経済と政治哲学の分野においては，二十五歳から三十歳を過ぎてから新しい発想に影響される人はあまりいない」といってよく，したがってマンキュー教科書によって経済学を学んだ人々は，その意図するとせざるとにかかわらず，過去四半世紀以上にわたって学界の第一線で活躍し続けているマンキューの学問上の信条や立場を少なからず共有することになっているはずだからである。

マンキューが教科書である本書で明示している学問上の立場の特徴は，大きくいえば，四つある。一つ目は，経済学を「科学」として扱い，その要件を明示していることである．二つ目は，価格の伸縮性の有無によって分析期間を長期と短期とに区分し，価格の伸縮性が存在する長期を「常態」として位置づけるとともにそれに関する分析から議論を始め，その後に，価格の伸縮性が存在しない短期を「常態」から逸脱した状態として位置づけていることである。三つ目は，二つ目のことと密接に関連するが，「マクロ経済学のミクロ的基礎」について明示的に論じていることである．そして，四つ目は，現在も経済学者のあいだで意見が一致していない，経済学における未解決の課題を明示していることである。

「科学」としてのマクロ経済学

本書の第1章のタイトルは，「科学としてのマクロ経済学」であ

る。そこにおいて，マンキューは，読者（マクロ経済学の初学者）に対して，次の四つのことに関する説得を試みている。一つ目は，マクロ経済学は若くて不完全な科学であり，それゆえに，その予測力は満足すべき水準には達していないが，だからといって，全体としての経済を記述するその能力は軽視されるべきものではないということである。マンキューは「経済全体がどのように機能するかを説明する仕事はマクロ経済学者の肩にかかっている」と断言し，読者の自尊心をくすぐる。同時に，マクロ経済学の基本的な原理は十年ごとに変わるようなものではないものの，「マクロ経済学者は状況の変化に応じて弾力的かつ創造的にその原理を適用しなければならない」とも断言する。読者は，マクロ経済学について，その内容が常時更新されるような——最先端の物理学や生命化学において典型的に観察されるような——性質のものであると推測することになるわけだが，そのことによって，読者の負担も相当軽減されるはずである。なぜなら，読者は，「ここに書かれていることをすべて確定的なこととして理解しなければならない」という，ある種の脅迫から逃れることができるからである。

　二つ目として，経済学者の思考を身につけることと「経済モデル」による分析を行う能力を身につけることを同一視することが求められている。ただし，ここでも，読者は不安に陥ることはない。なぜなら，マクロ経済学において多くの経済モデルが存在するのは，マクロ経済学が「スイス製のアーミーナイフ」のようなものだからであり，それぞれの状況でモデルを使い分けたらよいのだと説明されているからである。そして，この主張は，本書そのものの構成にかかわる，説得が試みられている三つ目の主張，すなわち，長期のマクロ経済モデルと短期のマクロ経済モデル——実のところ，両者

を完全に整合的に接合するような理論は現存しないのだが——とを併存させていることの合理的な根拠として位置づけられている。

　説得されるべき四つ目のことは，マクロ経済現象はミクロ経済的な相互作用から生じるゆえに——ただし，本書において，このこと自体に関する理論的な説明は十分ではない——，「すべてのマクロ経済モデルは，ミクロ経済学的な基礎と矛盾するものであってはならない」ということである。続く第2章では，データに基づいて分析を行うことの重要性が強調されているが，第1章で明示されている学問上の立場は，データの扱い方によって左右されるようなものではないということを，いったいどれだけの読者が理解するであろうか。

長期分析によるマクロ経済学の基礎づけ

　分析期間を価格の伸縮性の存在する長期とそれが存在しない短期とに区分し，長期の分析を基礎とするというのは，本書の最大の特徴である。このようなアプローチを採用することは，明らかに特定の学問上の立場と研究方法とを選択していることを意味する。実際，本書において，マンキューは「ケインジアン経済学と古典派経済学双方の主張を統合しようと試みた」と明言している。しかしながら，マンキューは，長期の分析を基礎とする直接的な理由は，教育上の利点にあるとしている。その利点とは，要するに，「そうした方が，学生が理解しやすいから」というものである。

　学生にとっては，長期の問題の方が理解しやすい——なぜなら，価格が伸縮的であるので「古典派の二分法」が成立し，実質変数の決定の問題を貨幣の問題と切り離して扱うことできるからである。学生にとっては，長期の問題を先に理解する方が短期の問題を理解

しやすくなる——なぜなら，短期の経済は長期均衡の周辺を変動するものであるからである。学生にとっては，完全競争市場の下で価格が伸縮的であり，需給均衡が常に実現される長期の問題を先に理解する方がよい——なぜなら，マクロ経済学のミクロ的基礎を理解することになるからである。学生にとっては，長期の問題を先に理解するのが望ましい——なぜなら，それについては，マクロ経済学者のあいだで意見が分かれることはあまりないからである。マンキューによれば，これらのことは，教育上の「戦略」であり，「教えることが単純になる」という利点をもつとされているのだが，はたして，「理解しやすさ」は「正しさ」よりも優先されるべきことなのであろうか。

マンキューが本書において長期分析をマクロ経済学の基礎づけに用いたことは，「マクロ経済学はミクロ経済学的基礎を有するべきである」という主張を行うこと以上の意味をもつ。なぜなら，その場合の「ミクロ経済学」とは，市場が完全競争的であり，伸縮的な価格によって需給均衡が実現されることが常態であることを想定する，意図的な選択がなければ採用されないはずの内容をもつ理論だからである。つまり，本書における「ミクロ的基礎づけ」の理由は，「マクロ経済現象を正しく記述・説明・予測するためには，経済環境の変化から独立であるような経済変数を経済モデルのパラメーターとして選択しなければならない」という，ルーカスをその代表とするような，「ミクロ的基礎づけ」を唱導し始めた経済学者たちが主張していた理由とは，相当かけ離れたものになっているのである。ルーカスらは「正しさ」を理由にしていた。それに対して，マンキューは「わかりやすさ」を理由にしているのである。

マクロ経済学の教訓と未解決の課題

　本書の終章において，マンキューは，マクロ経済学によって得られた重要な知見と未解決の最重要課題を挙げている。重要な知見とされているのは，「長期においては，一国の生産力がその国の国民の生活水準を決定し，貨幣供給量の変化率はインフレ率のみに影響を与え，失業率には影響を与えない」という主張である。すなわち，有効需要（総需要）の水準は短期の景気変動のみに影響を与え，インフレと失業のトレードオフが存在するのも短期のみであり，長期においては「貨幣の超中立性」が成立するということである。「理解しやすさ」を理由としていたはずの主張が，最後には「正しい」ものとして扱われているわけであるが，それだけでなく，この主張は，その主要な結論にかぎっていえば，サムエルソンによって唱導され，後に撤回された「新古典派総合」とほとんど同じである。

　未解決の課題，すなわち，実際の問題としても解決策が提示されておらず，マクロ経済学者のあいだで見解が一致していない問題として挙げられているのは，長期的に実現される経済成長率を上昇させる方法，短期の景気変動の幅を小さくすることの厚生上の効果の評価，インフレーションの社会的費用の評価，そして，財政赤字がもたらす動学的な効果の評価の四つである。これらに共通するのは，異時点間における動学的資源配分に関わる問題でありながら，長期分析によってマクロ経済学を基礎づけることのみによって処理できるような問題ではなく，いわば短期と長期の両方にまたがるような経済問題だということである。つまり，マクロ経済学における未解決の課題とは，短期の現象としても観察されると同時に，長期の現象としても観察されるような経済現象に関わるものだということである。

原著の初版から，およそ四半世紀が経とうとしている。本書の良き読者であった者のなかから「長期分析によるマクロ経済学の基礎づけ」を乗り越える研究プログラムを提示する研究者が現れることを，そろそろ期待してもよい頃であろうか。

ニコラス・グレゴリー・マンキュー（Nicholas Gregory Mankiw, 1958- ）
　アメリカの経済学者，現代の代表的なニュー・ケイジアン。29歳でハーバード大学経済学部教授となる。教科書としては他に，『マンキュー経済学（1，ミクロ編／2，マクロ編）』（東洋経済新報社）がある。

参考・関連文献
ブライアン・スノードン，ハワード・R・ヴェイン『マクロ経済学はどこまで進んだか』（岡地勝二訳，東洋経済新報社，2001年）

　　　　　　　　　　　　　　　　　　　　　　　　（寺尾　健）

ハイマン・P・ミンスキー

『金融不安定性の経済学　歴史・理論・政策』
Stabilizing an Unstable Economy, 1986

吉野紀，内田和男，浅田統一郎訳，多賀出版，1998 年

——金融危機の原因は市場経済の中にある——

復活する金融不安定性仮説

　2008 年 9 月アメリカの投資銀行リーマン・ブラザーズが破綻すると世界的な金融危機が生じ，それによって世界経済は長期停滞を迎えることとなった。今でも世界経済はその危機から完全に立ち直ったとは言い難い。リーマン・ショックの後，一部の経済学者から従来の経済学に対する批判や反省が投げかけられた。彼らが注目しているのがミンスキーの金融不安定性仮説である。

　ケインズの有効需要論では，有効需要の決定に際し，主導的な役割をはたすのは投資である。ミンスキーはこの投資決定の理論に金融の問題を統合することによって，金融不安定性仮説を作り出した。

　企業が投資を行うには資金が必要である。その資金の多くは，企業の内部資金で賄われるであろう。しかし，内部資金が不足する場合には企業は資金を借り入れなければならない。資金を借り入れる場合には，貸し手はリスクを負う。この貸し手リスクによって，外部資金の調達コストは内部資金よりも高くなる。加えて，企業が外部資金を借りるほど，外部資金の調達コストは上昇する。ミンスキーがそう述べているわけではないが，金融市場は金利だけで調整さ

れているわけではない。担保を提供できない企業が高い利子率を支払う意思があっても、資金を借りられないことはむしろ普通のことである。こうして外部資金が企業の投資を制約する。

好況時には利潤が増加すると、企業は投資を拡大させたいと考えるであろう。他方で、金融機関は資金を企業に貸し出しても安全だと考える。つまり、貸し手リスクが低下したのである。企業が低い資金コストで投資を実行することが可能となると、さらに景気が拡張する。こうした金融の作用によって、景気は累積的に拡張する。けれども、景気の拡張期には企業の負債も急増する。これ以上借金をすることが困難になった企業は、最終的に投資を拡大させることができなくなり、好況は終わる。

不況時には逆に、企業は投資を縮小させようとするし、貸し手リスクが高まると、金融機関も簡単に企業に資金を貸し出さないであろう。こうして生じた投資の縮小がさらに景気を悪化させる。しかし、不況時には企業の負債が減少し、これが次なる好況を準備する。

借り手の金融状態

実際には一国経済には様々な企業が存在する。これを踏まえて、ミンスキーは借り手の金融状況をヘッジ金融、投機的金融、ポンツィ金融に区分している。

借り手は元利を返済しなければならない。将来の全ての期間に渡り、借り手が受け取るキャッシュ・フローが元利の返済額を上回っている時、借り手はヘッジ金融の状況にある。

投機的金融とは、近い将来において、キャッシュ・フローが利子を返済することができるが、元本を完全には返済できない場合である。例えば、設備投資を短期資金に頼っている場合がそうである。

この場合でも,借り換えによって,企業は最終的には返済が可能であるかもしれない。けれども,借り換え時に突発的な事件が生じ,利子率が上昇し,企業が破綻する危険性がある。

ポンツィ金融とは,借り手が近い将来において,利子も全額は返済できない場合である。ポンツィ金融という名称は,シカゴの伝説的な詐欺師シャルル・ポンツィにちなんでつけられている。しかし,ミンスキーのポンツィ金融は詐欺というわけではない。例えば,建設に長い年月を要するインフラ投資もポンツィ金融である。

ミンスキーは好況時には,ヘッジ金融の借り手が相対的に減少し,投機的金融,ポンツィ金融が有力になると考えた。好況時には,弱小企業も利潤をあげるであろう。こうした企業は利潤の拡大が永続すると考え,借金をして設備投資を拡大させるかもしれない。好況時には貸し手もまた,こうした弱小企業にも資金を貸し出しても大丈夫だと思うかもしれない。しかし,好況が終わると,弱小企業は借金が返せなくなるであろう。

それだけでなく,バブルが生じると,借り手の資産価値が増加する。すると,本業で利益をあげていない企業にも,価格が上昇している土地などを担保とすれば,貸し手の金融機関は資金を回収できると考えて,融資を行うかもしれない。実際,アメリカの住宅バブル期には,住宅ローン会社が本当はローンの返済能力のない人々にサブプライム・ローンを貸し出していた。

こうして,好況が進むにつれ,一国経済の金融状況が脆弱になる。好況時に借りた負債を返すために,人々が支出を削減させると,それが不況を長引かせることとなるであろう。加えて,人々が借りた負債が不良債権となると,金融機関が破綻し,最悪の場合,金融危機が生じるであろう。1930年代の世界大恐慌や2008年からのサブ

プライム金融危機はこうしたケースの代表例であろう。

最後の貸し手機能と赤字財政政策

　戦後，1960年代まで，アメリカの金融システムは極めて頑強であった。世界全体についても，大きな金融危機がないという点で，資本主義の歴史上異例とも言える時代だった。ところが，60年代後半以降，アメリカの金融システムは不安定化する。それにもかかわらず，『金融不安定性の経済学』でミンスキーは，アメリカの政策当局は深刻な不況や金融危機を回避させたと言う。

　金融上の混乱が生じると，資金繰りに困る銀行が生じる。こうした銀行が保有する証券を市場で投げ売りすると，証券価格が急落し，それが他の銀行の資金繰りを悪化させることになるであろう。それを防ぐために，アメリカの中央銀行FRB（連邦準備制度理事会）は資金を貸し出すことによって，銀行の資金繰りを支援した。これを最後の貸し手機能という。

　不良債権を抱え，銀行が破綻する時には，FDIC（連邦預金保険公社）は預金を保護した。同時に銀行が抱える融資先を他の銀行に継承させることによって，資金を借りている企業の経営に支障がでないようにした。

　このようにして金融当局は，金融の混乱が金融危機へと拡大することを防いできたのである。

　加えて，ミンスキーは財政政策の役割も指摘する。ただし，ケインズと異なり，ミンスキーは赤字財政政策が利潤を下支えすることを重視する。

　一国の国民所得は，（税引き後の）賃金，（税引き後の）利潤，政府の課税収入の三つに大別できよう。他方，外国貿易を除外すると，

needs不況時には投資が急減し、それが利潤を急減させる。しかし、政府が赤字財政政策をとることによって、利潤を下支えすることが可能であるし、アメリカ政府は実際にもそうしてきたことをミンスキーは論証している。

2008年の金融危機においても、アメリカの政策当局はこれらの政策を採用し、大恐慌のような経済崩壊が生じることを防いだ。ただし、2008年の危機では銀行以外の金融機関も危機に陥った。そこで、FRBは銀行以外にも最後の貸し手機能を拡大したし、アメリカ連邦政府は生命保険会社AIGなどの金融機関も救済している。

金融危機の予言者

しかし、こうした方法で金融危機を封じ込めたとしても、それでハッピー・エンドとなるわけではない。金融危機を防ぐことによって、政策当局は投機マネーを温存する。それが投機をさらに拡大し、次の危機を大きなものとするであろう。だから、1982年に出版された論文集『投資と金融』では、「投資に対する直接的なコントロール手段がない経済システムではときおり小さな金融恐慌が発生するのを容認することが経済を安定化する唯一の有効な方法である」(235頁)と論じている。

1980年代の終わりから90年代初め、ミンスキーはこれから金融危機が頻発する時代を迎えることになると、すでに論じていた。大

※冒頭部分:

需要の面では賃金からの消費、利潤からの消費、投資、政府支出に分割できる。単純化のために、労働者は受け取った賃金を全て消費に回すとすると、企業の利潤は、利潤からの消費、投資、政府の財政赤字（財政支出と課税収入の差額）の三つによって決まることになる。

恐慌のような金融崩壊も起こり得ると警告していた。実際，アメリカでは1980年代以降，数年ごとに金融的な混乱が繰り返されてきた。しかし，その度にアメリカの政策当局は市場に介入し，金融危機を防いできた。それが投機マネーを保護・育成することによって，次なる危機を大きなものとした。2008年の危機はその帰結だったのである。

ハイマン・P・ミンスキー（Hyman P. Minsky, 1919-1996）
　アメリカのポスト・ケインズ派経済学者。主な邦訳に『ケインズ理論とは何か　市場経済の金融的不安定性』（堀内昭義訳，岩波書店，2014年），『投資と金融　資本主義経済の不安定性』（岩佐代市訳，日本経済評論社，2003年）など。

参考・関連文献
　チャールズ・P・キンドルバーガー『熱狂，恐慌，崩壊　金融恐慌の歴史』（吉野俊彦，八木甫訳，日本経済新聞社，2004年）。
　リチャード・クー『「陰」と「陽」の経済学　我々はどのような不況と戦ってきたのか』（東洋経済新報社，2006年）
　服部茂幸『危機・不安定性・資本主義　ハイマン・ミンスキーの経済学』（ミネルヴァ書房，2012年）。

（服部　茂幸）

第3部

ミクロ経済学の展開

J・R・ヒックス

『価値と資本』
Value and Capital, 1939, 2nd ed., 1946

安井琢磨,熊谷尚夫訳,岩波文庫,1995 年

──一般均衡理論の動学化──

一般均衡理論とは何か

　一般均衡理論とはどんな分野なのか？　市場経済のもとでは,多数の生産者や消費者が,事前の指令を一切受けずに,それぞれ独立に目的関数を最大化すべく行動している。そんな経済に,果たして「均衡」が存在するのか。あるいは存在するとして,その「均衡」には,人為的に介入しなくても,到達できるのであろうか。この点が明確にならなければ,市場経済の存在意義そのものが問われかねない。

　この根源的な疑問に対する解答としての一般均衡理論を,ワルラスが先駆的に手がけることになった。次いで,19 世紀の終わり頃から 20 世紀の前半にかけて,需要の理論や生産の理論において大きな進歩があったが,それらを一般均衡理論に取り込む試みが,イタリア人のパレートやスウェーデンのヴィクセルなどの経済学者などによって行われた。最終的には,1950 年代から 60 年代にかけて,アロー,ハーン,ドブリューなどの業績が出そろって,一般均衡理論は飛躍的に発展を遂げ,一通りの完成を見ることになった。

　それでは,ヒックスの本書は,一般均衡理論の歴史の中で,どの

ように位置づけられるのか。ワルラスやパレート等の業績は，マーシャルという正統派が君臨する中，どちらかと言えば周辺で一般均衡理論を開拓していたが，ヒックスは一般均衡理論の研究水準を飛躍的に引き上げるとともに，理論研究の中心へと引っ張り出したのである。

その革新点について，少し詳しく見てみよう。ヒックス以前のたとえばワルラスやパレートの体系で，(今日から見れば，不十分ながら) 方程式と解との関係が意識され，相互に影響を及ぼし合う複数財の取引における均衡解の問題が取り扱われるようになった。だが，彼らの分析は「静学的」にすぎた。資本が蓄積され与件も変化していく中で，取引が行われている現実の経済を分析できなければ無意味である。なるほど，こういった現実への適用を考える場合，とりあえず与件を一定として取り扱う方法もあろう。しかし，それでは肝心の資本蓄積という動学的現象およびそれに伴う景気循環が説明できない。この難点を打破するために，ヒックスが注目したのは，マーシャルの方法を一般均衡理論に持ち込むことであった。

マーシャルは，周知のように，短期と長期など期間の違いを明確にした分析を，(他の市場との関連も意識しつつ) 単独の財市場に焦点を当てた分析を展開していた。ヒックスは，既存の一般均衡理論とマーシャルの期間の区別というアイデアを組み合わせて，一般均衡理論の動学化に取り組んだのであった。

一時的均衡の系列

ヒックスは，本書の第1部で当時精緻化されつつあった消費の理論をまとめる。これは，その後の動学化の準備作業とされているが，所得効果と代替効果についてスルツキーの業績を整理するなど，こ

の部分だけでも実は完成度が高い。次いで第2部で，静学的な一般均衡体系を展開するが，ここでの議論も，その後の動学化には欠くことができない。

　ところで，動学と静学とはどう違うのか。ヒックスは，端的には，日付を気にしなくても良い部分を静学とし，日付を持たなければならないような部分を経済動学と呼ぶことを定義している。たとえば，一つの生産物を生み出すのに，どれだけの生産要素と材料を使い，いつできるのかを気にせずに考えるとしよう。しかし，実際には中間投入となる財が事前に準備されていなければ，生産はできない。また，ある生産過程で生み出された財は，次の産業で材料として用いられるかもしれない。だとすれば，同じ財でもどの時点で生産されるのか，日付を意識しなければならないであろう。

　だが，これらの事情をすべて反映した理論を生み出すのは容易なことではない。なぜなら，将来時点のある財の需給は，その財のみならずその財に関係する今期のすべての財の需給に左右される。それに，そもそも今期の財の需給もまた過去に行われた生産の結果に拘束されているのである。たとえば，現在時点だけではなく，将来時点すべての財の取引に関わる先物市場を想定することで，回避することもできる。だが，それはあまりに非現実的ではないだろうか。

　そこで，ヒックスは「週」という概念装置を持ち込む。週の第1日目（月曜日としよう）のみ，市場が開かれているとし，その週の間は価格変更が行われないとしよう。そうなると，必然的に月曜日のうちに需給が均等化されるように取引価格が決定されることになる。もちろん，実際に生産や引き渡しを行っている週の残り期間に，月曜日に計画していた時とは異なる事情が発生するかもしれない。そういった事情は，次の月曜日の取引に反映されるであろう。また，

その週の月曜日に取引価格を決めるからと言って，その週の事情だけを考えれば良いわけではない。当然，それ以前の週から引き継いできた資本ストックの状況や，先の週で売れる量や価格についての予想も反映されることになる。

この「週」という装置は，これまで展開されてきた静学的な一般均衡体系のツール，たとえば安定性の条件などを利用できる一方，「週」と「週」のつながりに焦点を当てることで，動学的な分析を可能とする。ここで，動学的に各週を結びつけているのは，過去からの資本ストックだけではなく将来の予想等である。

もちろん，一般均衡理論を動学化するには，他の方法もある。本書に少し遅れて1947年に出版されたサムエルソンの『経済分析の基礎』では，ヒックスのやり方とは異なり，超過需要関数に対する価格の反応を，差分（微分）方程式で表して，その安定性を検証する方法をとった。なるほど，サムエルソンのアプローチの方が，一般均衡理論の解の存在証明など，その後の重要な発展につながりやすく，数学的にはむしろ扱いやすいと言えるかもしれない。

現実へのまなざし

しかし，ヒックスはそれでは決して満足しなかった。本書は，1946年に第2版が出ているが，その巻末に，本書第1版以降に蓄積されたサムエルソンをはじめとする「安定性の分析」の研究に対するコメントを付している。これらの研究は，サムエルソンの大著『経済分析の基礎』の中心部分の一つとなる業績であったが，ヒックスははっきりと「物足りない」と述べている。なぜなら，ヒックスは週の第1日に取引を集中させることで，均衡への安定性の問題をきわめて単純化した扱いをしたが，それはむしろその他の要因

——たとえば将来への予想——といったものを陽表化することができるからである。しかし，サムエルソンの方法では，純粋に均衡価格への収斂に注意が振り向けられることになってしまう。それでは，現実の経済を分析するための理論としての役割を果たし得ないのではないか，ここにヒックスの不満があったのである。

ちなみに，ヒックスに大きな影響を受けた日本人経済学者の森嶋通夫は，サムエルソンの『経済分析の基礎』にはたいした印象を受けず，役に立つか立たぬかがわからない，ありとあらゆる道具が展覧されている「玩具箱をひっくり返したような書物」だと評しており，『価値と資本』に軍配を上げている。

ヒックスは，1972年にアローとともに一般均衡理論における功績を称えられて，ノーベル経済学賞を受賞することになった。しかし，ヒックス自身は受賞の理由とされた『価値と資本』の立場にとどまっていたわけではない。1965年に『資本と成長』，1973年に『資本と時間』と発表しているが，本書も含め，いずれも「資本」が書名に入っていることに注意したい。分析に資本が入るということは，当然のごとく異時点間にわたる意志決定つまり動学的過程が入り込むことになる。ヒックスの「資本」へのこだわりは，経済理論の現実の適用性への信念がなせる技でもある。

本書の序言を見てみよう。「経済理論の地位は応用経済学の下僕たるにある」との宣言が見える。革新的な本書を，あえて応用経済学の下に置くのである。さらに，一見ギミックに見える「週」の概念も，さまざまな予想を抱えた経済主体が，実際の経済取引に際する現実の行動を抽象化したものであり，決して理論のための理論の構築物ではないのである。

社会科学としての数理経済学

　同書が出版された時期にも注意してみよう。イギリスにおいては第一次世界大戦以降，長らく経済的な停滞期が続いていた。こういった経験が，当時の経済学者をして，経済理論の革新に駆り立てた。事実，本書に先んじること約3年前，1936年にはケインズの『一般理論』が出版された。ヒックスは，率直に「ケインズに先を越された」と述べている。つまり，ヒックスにとって同書は抽象的な理論のグランドセオリーを提示するだけでなく，当時の経済的課題である「厳しい景気低迷」を説明する理論を提供することも目的としていたのである。それゆえに，ケインズと同じく「予想」は欠かすことのできない要素だったのである。そして，その要因を活かすためにも，一時的均衡の系列としての動学化は，ヒックスにとって必然だったのかもしれない。

　森嶋によれば，数理経済学の本には，マーシャルやヒックスの本のような「イギリス式」と，ドブリューのような「フランス式」がある。前者は，本文ではできるだけ数学を用いず，普通の文章で書き進めるのに対して，後者は本文中に数式をちりばめることになる。社会科学としての経済学の本は，前者のようであるべきだというのが，森嶋の見解である。そう考えると，『価値と資本』は一般均衡理論の動学化という数理経済学の書物でありながら，数式は必要最小限に，巻末に添えられているスタイルに納得が行く。ヒックスは，数学的なエレガントさよりも，応用経済学の下僕として意味のある経済理論の構築を目指したのであった。

ジョン・リチャード・ヒックス（John Richard Hicks, 1904-1989）

イギリスの経済学者。ケインズ『雇用・利子および貨幣の一般理論』をモデル化した IS-LM 理論で知られる。1972 年，ノーベル経済学賞受賞。邦訳多数。

参考・関連文献

根井雅弘『現代イギリス経済学の群像　正統から異端へ』(岩波書店，1989 年)

森嶋通夫『森嶋通夫著作集別巻　自伝・略年譜・著作目録』(岩波書店，2005 年)

ヒックス『経済史の理論』(新保博，渡辺文夫訳，講談社学術文庫，1995 年)

(廣瀬　弘毅)

ポール・A・サムエルソン

『経済分析の基礎』
Foundations of Economic Analysis, 1947, enlarged ed., 1983

佐藤隆三訳,勁草書房,1967年(増補版,1987年)

——地上を征服した「意味のある」数理経済学——

モデル分析の魅力

1932年1月2日,16歳のサムエルソンは,シカゴ大学でマルサスの人口法則に関する講義を聞いた。人口増加と収穫逓減というシンプルな前提から,賃金水準や人類の未来をつかむモデルに,彼は魅了された。シカゴ大学,ハーバード大学院という最高の環境で経済学を学んだサムエルソンは,経済学には数学を使えば明確になる問題が,山のように残されているということに気付く。当時は経済学に数学を使うことが,あまり一般的ではなかったのだ。言葉による説明は曖昧であり,厳密な論理の展開も,共通の理解の上に立った議論も難しい。常識的な命題も信頼できないし,優れたアイディアがあっても,そこから議論が積み重なっていかない。サムエルソンは,そうした経済学の状況に,数学という武器で切り込んでいけるという自信があった。鋭利なモデル分析が現実をつかみ取り,大不況のどん底にあるアメリカに,何をすればいいかを力強く指し示すはずだ。

1936年,サムエルソンは,ハーバード大学院修士課程を修了し,3年間の自由な研究期間(ジュニア・フェロー)を与えられる。そこ

で彼は，経済学の数理化に没頭する。その結果が，彼の博士論文「経済分析の基礎」(1941) である。第二次大戦をはさんで 1947 年に本として出版され，第 1 回のジョン・ベイツ・クラーク賞（40 歳以下の研究者に与えられるアメリカ経済学会の賞）が授与された。経済学の中心地がイギリスからアメリカへと移り，数理モデルを駆使する経済学が花開いていく時代の先頭を，サムエルソンが走って行った。

比較静学という方法

サムエルソン以前にも，経済学に数学を使おうという試みは存在している。消費者行動と需要，生産行動と供給・要素需要，国家間の交換としての貿易など，さまざまな分野に数学が使われてきた。サムエルソンの優れた洞察は，これらの諸分野に，共通の数学的方法が使える，という発見である。なぜなら，これらの経済学の諸分野は，「個々の主体が何らかの最大化行動をとり，その結果，ある均衡状態が現れる」という共通の形式を持っているからである。

変数の均衡値が，極値（極大あるいは極小）問題の解とみなすことができる場合，パラメータが変化したとき，解がどのように変化するか，という質的な行動特性を，変数の数とは関係なく，明確に決定することが，しばしば可能である。（訳 22 ページ）

最もシンプルな経済学上の例で考えてみよう。ある生産者は，利潤を最大化するように生産量を決めている。利潤は $px - C(x)$ である（p は価格，x は生産量，$C(x)$ は費用関数）。価格 p^0 が与えられたとき，利潤を最大化する生産量は x^0 だとしよう。価格 p^1 が与えられたとき，利潤を最大化する生産量は x^1 である。ここから，次の二つの不等式が導かれる。

第3部　ミクロ経済学の展開

$[p^0 x^0 - C(x^0)] - [p^0 x^1 - C(x^1)] \geq 0$　（p^0 のとき，x^0 が利潤を最大にするので）

$-[p^1 x^0 - C(x^0)] + [p^1 x^1 - C(x^1)] \geq 0$　（p^1 のとき，x^1 が利潤を最大にするので）

上の二つの式を足し算すると，次の式が得られる。

$(p^0 - p^1)(x^0 - x^1) \geq 0$

つまり，価格が p^0 から p^1 に下落した（上式左辺の前項が正）ならば，生産量は下落する（上式左辺の第二項が正）。ここから，右上がりの供給曲線が導出される。この例からも，サムエルソンの方法が，ミクロ経済学の基礎を据える強力なツールであることが窺われるだろう。

最大化問題の解であることから，質的特性を導き出すという方法は，上記のシンプルな例だけでなく，多数の要因が関与する均衡においても通用する。そのイメージをつかむため，経済学とは関係のない例を考えてみよう。

部屋の真ん中ぐらいに大きな丸いボールがあり，八方から扇風機のようなものでボールを押している。8人のプレイヤーは，できるだけ反対方向に押したいと思っている。その力のつり合いで，ボールの位置が決まる。これが，複数の最大化の意思が均衡している状態である。ここから，一つの扇風機の力を弱めたら，ボールの位置はどのように動くだろうか？　ボールは，弱めた扇風機の方に近づくだろう。このように，均衡を作り出す力の働きが明確であるとき，与えられた条件を変えたときの均衡位置の変化の方向は，確実性をもって知ることができる。

予見が変化することによって，均衡がどの方向に移動するか，と

いうアプローチで，重要な経済学上の特性を，いろいろと知ることができる。サムエルソンは，この方法を「比較静学（comparative statics）」と呼んだ。投入要素価格が上がれば，その生産要素の投入量は減る。生産量に応じた課税の税率を上げれば，生産量は減る，等々。需要・供給にかかわる主要な命題——現在，ミクロ経済学において重要な関数関係——を，この方法で引き出すことができる。そして，さらに，その延長線上に，需要と供給の相互依存関係の総体である「一般均衡」が，どのような条件の下で安定するのかという，重要な問題への答えがある。

意味のある定理——反証可能な前提に基づく理論

サムエルソンは，比較静学の方法によって，「意味のある定理」を引き出そうとした。「意味のある定理」というのは，現実の経済で与件が変化したとき「こういうことが起こるだろう」と予測できるような仮説である。これは，演繹的に導出される確実な関係とは違う。仮説は間違っているかもしれない。先の右上がりの供給曲線も，現実に利潤最大化行動をしているならば成り立つが，実際にはそうしていないかもしれない。利潤最大化行動をとっているかどうかは，確かめることができる。利潤は目に見えるので，利潤最大化をしていないという現実によって，反証されうる。反証可能な前提に基づいて理論が組み立てられていることが，大事なのだ。

例えば，サムエルソンの重要な功績の一つである「顕示選好理論」は，現実と理論を結び付ける彼の方法を，よく表している。従来の消費者選択の理論は，「効用」を最大化するように行動すると考えていた。だが，「効用」というのは目に見えるものではない。つまり，経験において確認できない。だから，サムエルソンは，消

費財の組み合わせ A と別の消費財の組み合わせ B のどちらを選好するか，という関係だけで（「効用」という概念抜きで），消費者選択論を全部書き直したのである。「どちらを選好するか」という関係ならば，観察者が確かめることができるのだ（現実にできるかどうかではなく，理想的条件の下では可能である）。

サムエルソンは，自身でかなり大胆に数学を駆使しつつも，華麗に数学を使っているだけの抽象理論を嫌った。実践的に「意味のある定理」を引き出すことに，強いこだわりを持っていた。経済学はあくまで経験科学，実証的な学問でなければならない。理論は，架空の世界ではない。ある特徴を抽出するといった工夫はあっても，やはり理論は現実の模写でなければならないのだ。

ここで確認しておきたいことは，理論と現実を橋渡しするサムエルソンの方法だ。企業が利潤最大化行動をしているという前提，消費者が顕示選好理論の公理を満たすような選択をしているという前提。これらは「理想的条件の下では」確かめることができる。これが，サムエルソンの橋渡しの方法だ。この最初の橋さえ渡ってしまえば，あとは理論の世界は，縦横に展開していくことができる。

私は，ここで，「この最初の橋は渡れない」という批判をしようというのではない。経済理論を展開する以上，現実との架橋という問題を意識すべきであり，サムエルソンは当然それを踏まえていた，という確認をしておきたいのである。

数理経済学の果実——それはほぼ採りつくされた

サムエルソンは，現実に対応するものとして，理論モデルの世界を作り，「比較静学」を用いて，そこから「意味のある定理」を引き出した。それは，経済主体が最大化行動をとっているという前提

のなかで，需要・供給という経済学の基礎概念を鍛え上げる作業であった。市場メカニズムの基本を理解するために，誰かが一度はやらなければならない仕事であったといっていい。サムエルソンの『経済分析の基礎』は，その仕事を非常に早くやり遂げた成果である。数理モデルの力は，遺憾なく発揮された。

　だが，数理的な経済モデルから「意味のある定理」を引き出すという仕事の果実は，サムエルソンによって（あるいは同時代の経済学者たちとの共同作業で），ほぼ採りつくされた。もちろん，条件を複雑にしていけば，いくらでも数理モデルは作れる。だが，それらの理論モデルのうち，お遊びでないものはどれぐらいあるか？　おそらく，100に1つぐらいなものだろう。数理モデルのパラメータ推計などを始めれば，現実と結びついているように勘違いする。だが，それは，本当に現実と理論を橋渡しするものではない。いまや理論モデルの前提は，橋渡しなしの，非常に恣意的なものが多い。16歳の少年サムエルソンを魅了したような，現実を鋭く写し取るモデルの力は，今の数学的な経済のモデルには感じられない。

　こうした経済学の数理化濫用の責任は，サムエルソンにあるという批判もある。しかし，サムエルソンの前には，最大化行動によって経済行動を描写するという未踏の大地があったことに，思いを致すべきであろう。そして，その大地は，すでに征服された。経済学の数理的な基礎を固めた彼の貢献は，不朽のものである。

　そして，大胆に，こう付け加えておこう。サムエルソンの据えた経済学の基礎は，現実経済を写し取る鏡としてではなく，なぜそうなっていないのかを考える地盤である，と。

参考・関連文献

『サミュエルソン経済学体系①〜⑩』(篠原三代平,佐藤隆三編,勁草書房,1979-97年)

ウィリアム・ノヴシェク『経済数学 基礎と応用』(奥口孝二,小林信治訳,多賀出版,1996年)

奥野正寛,鈴村興太郎『ミクロ経済学Ⅰ・Ⅱ』(岩波書店,1985-8年)

(中村　隆之)

ジェラール・ドブリュー

『価値の理論　経済均衡の公理的分析』
Theory of Value: An Axiomatic Analysis of Economic Equilibrium, 1959

丸山徹訳，東洋経済新報社，1977年

――― 一般均衡理論の公理化 ―――

一般均衡理論とはなにか

　本書のテーマは，いわゆる一般均衡理論であり，特に副題にあるようにその公理的な分析である。それゆえ本書の意義を説明するためには，まずは一般均衡理論とはどのような経済理論なのか，そしてそれを特に公理的に分析するとはどのようなことなのか，その理由はどこにあるのか，を説明しなければならない。

　一般均衡理論という経済理論が明らかにしようとしていること，それは，われわれが生きるこの市場経済はそもそも存立可能なのかという，極めて抽象度の高い，いわば基礎的な問いである。市場経済では，われわれはみんなバラバラに自分の好きなように行動している。消費者は自分がいちばん満足の行くように，商品やサービスを購入するだろうし，企業は自社の利益が一番大きくなるように，商品やサービスを供給するだろう。一見すると，このように個々の人間や企業がバラバラに好きなように行動しているような経済，誰が管理しているわけでも統制しているわけでもない経済は，秩序を持たずメチャクチャになってしまうように見える。しかし一般均衡理論は，消費者の選好や生産者の技術がある自然な（と想定される）

性質さえ持っていれば、このような分権的な市場経済は整然とした秩序を持ちうるということ、個々の人間や企業の好き勝手な行動は、互いに矛盾することなく整合的でありうるということ、を明らかにしたのである。

このように言うと、この一般均衡理論の扱っている問題は、ひどく抽象的な難しい問題のように思える。しかし実はこの問題は、おなじみの需要と供給という枠組みを用いて言い直すと、非常に簡単に言い表すことができる。いま市場経済では、すべての財やサービスの価格は、需要と供給が等しくなるように決まるとしよう。すべての財やサービスの需要や供給は、個々の消費者や生産者の意思決定の結果決まる。それゆえ、もしすべての財・サービスの市場の需要と供給を同時に等しくする価格が存在するのであれば、すべての消費者や生産者の意思決定を同時に互いに整合的なものにし、すべての経済主体を同時に満足させられる価格が存在することになる。そして一般均衡理論は、消費者の選好や生産者の技術がある自然な（と想定される）性質さえ持っていれば、すべての財・サービスの需要と供給を同時に等しくする価格、一般均衡価格が存在しうること、を明らかにしたのである。

この一般均衡価格の存在証明に関しては、ある有名なエピソードがある。当初多くの経済学者は、この一般均衡価格の存在を証明するためには、すべての財・サービスの需要＝供給という連立方程式——もし経済内に存在する財・サービスの総数が n であれば、n 本の連立方程式——に非負の解（価格はマイナスにはならないから）が存在することを証明しなければならないと考えていた。しかしこの連立方程式に非負の解が存在することを証明するという問題は、かの火星人とも人間のふりをした悪魔とも言われた大数学者フォン・

ノイマンにさえ，非常に難しいと言わしめるほどの難問であった。しかしこのようにある問題がどうにもこうにも解けない時には，アプローチの仕方を変えると意外とあっさりと解けてしまうことがある。

実際，ケネス・アローやジェラール・ドブリューは，この一般均衡価格の存在証明という問題は，ゲーム理論におけるナッシュ均衡の存在証明と数学的に同型であり，この事実を用いれば証明できることに気が付いた。ここで，ゲーム理論におけるナッシュ均衡とは，各経済主体の行動が互いに直接影響を及ぼし合うような状況において，互いが互いに最適な手を取り合っており，自分の意思決定を変える必要がないような状態のことである。一方，すべての財・サービスの需要と供給を等しくする一般均衡価格とは，すべての経済主体を同時に満足させる価格であり，一般均衡価格の下ではすべての経済主体は自分の意思決定を変える必要がないのであった。ナッシュ均衡においても一般均衡においても，経済主体は自らの行動を変更する動機を持たない。ナッシュ均衡も一般均衡も経済主体の行動を変更しない不動点になっているのである。そして，ジョン・ナッシュは不動点定理を用いてこのナッシュ均衡の存在をすでに証明していたのである。

一般均衡と部分均衡

経済学の均衡理論としては，一般均衡理論と並んで部分均衡理論という理論がある。一般均衡理論がすべての財・サービスの市場で需要と供給が同時に等しくなる状態を考えているのに対して，部分均衡理論はある特定の財あるいはサービスの市場で需要と供給が等しくなる状態を取り上げている。一見すると，一般均衡理論は文字

通り部分均衡理論より一般的であるようにみえる。一方がすべての市場の同時均衡を考えているのに対して、他方はただひとつの市場の均衡のみを考えているからである。しかし経済学として経験的に意味のある命題をどの程度そこから導き出すことができるのかという問題を考えてみると、事情は全く正反対のように思えてくる。

一般均衡理論からわれわれが導き出すことのできる経験的な命題というのはほとんどない。せいぜい、市場経済は理念的にはうまく機能するはずである、とか、すべての市場は他の市場と互いに関連しあっているのである、などといった極めて抽象的なものでしかない。このように抽象的なことしか言わない人間を世間は経済学者とは見なしてくれないだろう。

他方、部分均衡理論からわれわれが導き出すことのできる経験的な命題は数限りないと言っていいほどである（正しいかどうかは別であるが）。このことを説明するために、需要・供給の価格弾力性という概念を導入しよう。需要・供給の価格弾力性とは、価格が上昇した時に需要量がどの程度下落するか、あるいは供給量がどの程度上昇するか、を表す概念である。例えば、需要の価格弾力性が高いとは、価格が少し上昇しただけで需要量が大きく下落してしまうことを意味し、需要の価格弾力性が低いとは、価格が大きく上昇しようが需要量があまり落ち込まないことを意味する。部分均衡理論とこの需要・供給の価格弾力性の概念のみを用いて、われわれはさまざまな経験的な命題を導き出すことができる。たとえば、一般に需要・供給の価格弾力性は短期的には低いが長期的には高いから、政府がある財あるいはサービスの価格を統制すると、その影響は短期においてよりも長期においてより深刻になるであろうことが予想できる。また政府が財・サービスに物品税を課すと、その負担は需

要側・供給側のより価格弾力性が低い方に多く課されることになるであろうことが予想できる，などなど．

　以前ポール・サムエルソンは，需要と供給という言葉さえ覚えればオウムでさえ博学な経済学者に仕立て上げることができる，と述べたことがある．これはより正確に言えば，部分均衡理論さえ覚えれば……と言ったほうがいいだろう．サムエルソンは，部分均衡理論は多くの経験的に意味のある命題を導き出すことができる，その強力さはオウムでさえ経済学者に仕立てあげることができるほどである，と述べているのである．一般均衡理論は確かに部分均衡理論より一般的である．しかしそれはあまりに一般的すぎて，経験的に意味のある命題をほとんど導き出すことができないのである．

公理化の意味

　一般均衡理論は経験的に意味のある命題をほとんど導き出すことができない．それゆえ，一般均衡理論は，現実の経済現象との対応関係を根拠にその正しさを主張することはできない．では，一般均衡理論は何を根拠にその妥当性を主張することになるのであろうか？　そこで登場してくるのが公理化である．

　ある理論体系を公理化するとは，その理論体系を，もっとも基本的な仮定である公理と，公理から導き出されるさまざまな命題（定理）から成るように分解・整理し，その理論体系が数学的に一貫しており内部に矛盾がないことを確認する試みである．一般均衡理論は，自らを公理化し，各経済主体が個々バラバラに行動している時でさえ，すべての財・サービスの市場を同時に均衡させ，すべての経済主体の意思決定を互いに整合的にするような一般均衡価格の存在を証明することに成功した．一般均衡理論は，その経験的な妥当

性に関する経済学者のコンセンサスなしに，あるいはむしろそれを欠いていたがゆえに，理論の内的な整合性のみをその妥当性の根拠としなければならなかった。一般均衡理論は，そのために公理化されなければならなかったのである。

　他方，量子力学の歴史に詳しい人であれば，この一般均衡理論の数学的基礎付けのプロセスが，量子力学のそれとは，全く異なるプロセスを辿っていることに気が付くだろう。量子力学は，その経験的な妥当性に関する物理学者のコンセンサスが得られた後に，それが抱えていた数学的な曖昧さを整理するために公理化されたのである。一般均衡理論とは，その妥当性を自らの内的整合性の中に見出そうとする経済学である。それは喩えて言うならば，自らの尾を飲み込むことで生きながらえようとするウロボロスのような経済学であるのかもしれない。

ジェラール・ドブリュー（Gerard Debreu, 1921-2004）
　フランス出身の数理経済学者。1983 年にノーベル経済学賞受賞。

参考・関連文献
　ケネス・アロー，フランク・ハーン『一般均衡分析』（福岡正夫，川又邦雄訳，岩波書店，1976 年）
　グレゴリー・マンキュー『マンキュー経済学 1　ミクロ編　第 3 版』（足立英之ほか訳，東洋経済新報社，2013 年）
　ジョン・フォン・ノイマン『量子力学の数学的基礎』（広重徹，井上健，恒藤敏彦訳，みすず書房，1957 年）

（荒川　章義）

ケネス・J・アロー

『社会的選択と個人的評価』
Social Choice and Individual Values, 1951, 3rd ed., 2012

長名寛明訳,日本経済新聞社,1977年(第2版)/勁草書房,2013年(第3版)
――社会的選択理論を確立――

個人の意思を全体の意思に集計する

一般にわれわれの多くは,学校や会社などどこかの組織の一員である。仮にどこの学校にもどこの会社にも所属していないとしても,どこかの都道府県やどこかの国に(この場合には否応なく)所属している。そしてこのようにどこかの組織あるいは何らかの共同体に所属しているわれわれが,日常的に直面する問題の一つは,ひとりひとりのバラバラな「個人」の意思を元にして,組織あるいは共同体「全体」の意思を決定しなければならないことがある,ということである。

詰まらない例ではあるが,このようなケースを考えてみよう。いま久しぶりに会う友人が21人ほど集まって,食事をすることになったとしよう。料理の選択肢としては,イタリアン,フレンチ,中華の三つの選択肢があるものとする。当然のことながら,どの料理がいいと思うかはひとりひとりバラバラである。イタリアンが1番,フレンチが2番,中華が最下位という人もいれば,フレンチが1番,中華が2番,イタリアンが最下位,という人もいるだろう。このような場合,この久しぶりに会う,それゆえ当然のことながらみんな

で一緒に食事をしたいと考えている友人21人は，どの料理に行くかをどのような方法で決定すれば良いのだろうか？

誰もが最初に思いつく方法は，多数決で決めれば良い，というものであろう。この21人に，一番食べたいと思う料理に手をあげてもらって，一番人数の多かった料理にみんなで行くことにすれば良い。ところが，である。この多数決という方法にはひとつ大きな欠点がある。選択肢「全体」の中の多数決で勝てる選択肢は，「ペア」で比べた時の多数決で勝てる選択肢とは限らないのである。例えば，いま，イタリアンが1番，フレンチが2番，中華が3番という人が4人，イタリアンが1番，中華が2番，フレンチが3番という人が4人，フレンチが1番，中華が2番，イタリアンが3番という人が7人，中華が1番，フレンチが2番，イタリアンが3番という人が6人いたとしよう。単純に多数決を取れば，イタリアンが1番の人が8人，フレンチが1番の人が7人，中華が1番の人が6人であるから，イタリアンが勝ち残ることになる。ところが，ペアで多数決を取ると，事情は全く変わってくる。イタリアンとフレンチでどちらがいいかと尋ねてみると，8人がイタリアンを，13人がフレンチを好んでいるので，イタリアンはフレンチに負けてしまう。同様にイタリアンと中華でどちらがいいかを尋ねてみると，8人がイタリアンを，13人が中華を好んでいるので，こちらでもイタリアンは中華に負けてしまう。すなわち，全体での多数決で勝利者である選択肢は，ペアでの多数決では全敗してしまう可能性があるのである。

このような問題，すなわち，「ひとりひとりの個人の意思を全体の意思に集約しなければならないときにどのような方法を用いればよいのか」という問題は，シャルル・ド・ボルダ（1733-1799）やニコラ・ド・コンドルセ（1743-1794）といったフランスの科学者たち

が本格的に取り上げて考察し始めたものである。彼らをしてこのような問題に取り組ませた理由は，彼らの生きていた国と時代を見れば容易に理解できるであろう。彼らは，アンシャン・レジーム期からフランス革命期へと移っていくフランス，絶対王政が終わりを告げ共和制が現実的なものとなりつつあったフランスに生きていたのである。

当然のことながら，共和制では，たった一人の人間＝国王が，ではなく，国民全員が，選挙というひとりひとりの意思の集約方法を通して，国全体の意思を決定することになる。現在では，このような学問分野は，社会的選択理論（Theory of Social Choice）と呼ばれるようになった。そしてこの社会的選択理論と呼ばれる学問分野を事実上確立したと言われる書物，それがこのアローの『社会的選択と個人的評価』にほかならないのである。

アローの不可能性定理とはなにか

アローの不可能性定理とは，上のような問題をより一般化・抽象化して考察したものである。いまわれわれひとりひとりは，多くの選択肢に関して，それを望ましい順に並べることができるような選好順序を持っているものとしよう。このとき，このひとりひとりの選好順序を集計して，同じ選択肢に関して，社会全体としてそれを望ましい順に並べることができるような，社会全体の選好順序を導き出す，そのような集計手続きのことを考えることができる。このように言うと難しく聞こえるが，これは先程の21人の友人がみんなでどの料理を食べに行くことにするかという問題をより抽象的に言い換えただけである。そしてアローは，このような個人の選好順序を社会全体の選好順序に集計する手続きは，以下の様な条件を満

たすのが「自然」であると考えた。
・完備性：任意の二つの選択肢x，yに対して，社会的選好として，xがy以上に望ましいか，yがx以上に望ましいかのいずれかである。
・推移性：任意の三つの選択肢x，y，zに対して，社会的選好として，xがy以上に望ましく，yがz以上に望ましいのであれば，xはz以上に望ましい。
・満場一致性（パレート原則）：個人全員の選好が「xはyより望ましい」としている場合，社会的選好も「xはyより望ましい」としなければならない。
・無関係な選択対象からの独立性（二項独立性）：選択肢xとyにかかわる社会的選好は，それら二つの選択肢に関する個人の選好のみによって決まり，その他の選択肢zに関する個人の選好によって左右されない。
・非独裁性：社会の構成員の中に「独裁者」（その個人がxをyより望ましいとしたときは，社会的選好もxをyより望ましくするような個人）が存在しない。

　最初の二つの完備性と推移性の条件は，社会が多くの選択肢を合理的に順序付けるために必要な条件であり，後の三つの条件は，意思決定が民主的に行われるために必要な条件であるといえる。そして驚くべきことに，アローはこのような自然な条件を満たしながら，個人の選好を社会全体の選好に集計する手続きは原理的に存在しないということを数学的に証明した。言い換えれば，アローは，社会が選択肢を合理的に順序付けるための条件と意思決定が民主的に行われるための条件は互いに両立しえないということを数学的に証明したのである。アロー自身は当初この定理を「一般可能性定理」と

呼んでいたが、後にこの定理はアローの「不可能性定理」と呼ばれるようになった。当然のことながら、その内容が社会的意思決定と民主主義にとって、あまりに陰鬱で否定的な含意を意味するように思われたからである。

悲観するのはまだ早い

アローの不可能性定理は、われわれの社会が、社会全体として首尾一貫した意思決定を民主的に行うことは原理的に不可能であることを証明してしまった定理である、ように見える。この定理はわれわれが自然な条件であるとした五つの条件から数学的に導き出される命題である。それゆえもしわれわれがこの五つの条件を自然なものと認めるのであれば、この定理も認めなければならないことになる。しかしこの五つの条件は、本当に自然な条件であるといえるのだろうか？

例えば、上記の3番目の条件である満場一致性（パレート原則）の条件を考えてみよう。一見、この条件には何ら不自然なところはなく、自明なもののように見える。しかし、アマルティア・センは、このパレート原則は、彼が最小限リベラリズムの条件と呼ぶ条件と両立し得ないことを証明している。

・最小限のリベラリズムの条件：社会に少なくとも2人の個人が存在し、彼ら1人1人にとって自分が決定権を持っている選択肢が少なくとも一つ存在する、言い換えれば、もし彼がXをYより選好するならば、社会もXをYより選好しなければならないようなXとYのペアが存在する。

この最小限のリベラリズムの条件とは、要するに、われわれの社会には、各個人の選択を社会全体がそのまま認めなければならない

ような純粋に個人的な問題というものが存在しており，そのような問題に対しては個人的自由が完全に容認されなければならない，というものである．実際，われわれには，他人の選好いかんに関わらず，自分の好きな本を読み，好きなように眠り，着たいものを着る，そのような自由がなければならないだろう．ところが，このわれわれに最小限の個人的自由が存在することを容認するこの最小限のリベラリズムの条件と，上記のパレート原理とは両立し得ないことを証明できるのである．

あるいは上記の4番目の条件である無関係な選択対象からの独立性（二項独立性）の条件を考えてみよう．一見，この条件にも何ら不自然なところはなく，自明なもののように見える．この条件は，社会のxとyの間の選好順序は，各個人のxとyの間の選好順序のみによって決まり，他のあらゆる選択肢との相対的な関係に一切影響されてはならない，ということを意味している．

例えば，先程の21人の友人がみんなでどの料理を食べに行くことにするかという問題で考えてみよう．いま，イタリアンが1番，フレンチが2番，中華が最下位という選好順序を持っていた人達が，フレンチが1番，中華が2番，イタリアンが最下位，という選好順序に変更したとしよう．この二項独立性の条件は，この人達のフレンチと中華の間の選好順序には全く変更がないので，21人の友人全体のフレンチと中華の選好順序にも全く変更がないはずであるということを意味している．しかしこのことは，それほど自然といえるだろうか，あるいは自明と思えるだろうか．この判断は読者の皆さんに任せることにしよう．

ケネス・ジョセフ・アロー（Kenneth Joseph Arrow, 1921- ）

アメリカの経済学者。1972 年，ノーベル経済学賞受賞。邦訳に，『一般均衡分析』（共著，福岡正夫，川又邦雄訳，岩波書店，1976 年），『組織の限界』（村上泰亮訳，岩波書店，1976 年／1999 年）がある。

参考・関連文献

アマルティア・セン『合理的な愚か者　経済学＝倫理学探求』（大庭健，川本隆史訳，勁草書房，1989 年）

坂井豊貴『社会的選択理論への招待』（日本評論社，2013 年）

鈴村興太郎『社会的選択の理論・序説』（東洋経済新報社，2012 年）

（荒川　章義）

アマルティア・セン

『正義のアイデア』
The Idea of Justice, 2009

池本幸生訳, 明石書店, 2011 年

――正義はひとつか――

ロールズの正義論

　アマルティア・センは, 初期の仕事としては, 社会的選択理論や厚生経済学への数理的な貢献によって, 中期以降の仕事としては, ケイパビリティ（潜在能力）・アプローチや人間の安全保障といった概念を提案したことによってよく知られた経済学者である。そして本書『正義のアイディア』は 2009 年に出版された彼の最新の著作であり, 彼のこれまでの仕事の意義を集大成したものとなっているはずである。だとすれば, センのこれまでの仕事は「正義」を巡るものであったことになるだろう。実際, センは, 本書で「正義」とは何か, われわれは「正義」をどのように捉えるべきなのかに関する彼の考えを, ジョン・ロールズがあまりに有名な『正義論』の中で提示した考えと比較しながら展開している。

　よく知られているように, ロールズの考えは, 正義の原理は公正の概念から導き出されなければならないというものである。このアイディアを具体化するために, ロールズは, 世界の公正な状態として, 彼が「無知のベール」と呼ぶ世界の「原初状態」という概念を考案した。この無知のベールという世界の原初状態では, 人々は,

自分も他者も自分が何者であるのか，どのような能力があるのか，どのような立場にあるのかを全く知らない。人々は一切の既得権益から完全に自由である，とされる。そして人々がこのような無知のベールの下にあるときには，ロールズは，人々が十分に合理的でありさえすれば，以下のような原理を正義の原理として全会一致で採択するはずであると考えた。

　第一原理：各人は基本的自由を平等に保証する十分に適切な体制に対する平等な権利を持ち，それは全ての人にとっての同様な自由の体制と両立可能なものである。

　第二原理：社会的経済的不平等は次の二つの条件を満たすものでなければならない。第一に，機会の公正な平等という条件の下で，すべての人に開かれた職務や地位に付随するものであること（機会均等原理）。第二に，社会の最も不遇な人々にもっとも大きな利益をもたらすこと（格差原理）。

　そしてロールズは，この「正義」の原理を，無知のベール＝世界の原初状態という世界の「公正」な状態から導き出したのである。

　センはもちろん，このロールズの記念碑的な仕事に最大限の賛辞と尊敬の念を示す。しかしその上で，センは，このロールズの正義に対するアプローチを「先験的制度主義」と呼んで批判し，それに「実現ベースの比較アプローチ」を対峙させることによって，自らの正義に対するアプローチを展開していくのである。

社会契約と公平な観察者

　容易に見て取れるように，ロールズが正義の問題にアプローチする際に採用したのは，ロックやルソーなどが展開した社会契約論の枠組みである。そこでは世界の原初状態で無知のベールに包まれた

個人が，何が正義であるのかを議論して，最終的に合意に至るものとされている。それゆえここでは，正義の概念に不可欠な要素である不偏性や客観性の概念は，世界の原初状態である無知のベールの仮定の中に体現されていることになる。そこでは人々はあらゆる既得権益から自由であるがゆえに，不偏的で客観的でありうるからである。これに対して，センが正義の問題にアプローチする際に重視するのは，スミスの「公平な観察者」の概念である。スミスは，この概念の必要性をこのように述べている。

われわれは，いわば，自分自身の本来の場所から離れ，ある程度の距離から眺めようとしなければ，決してわれわれ自身の勘定や動機を見渡すことはできないし，それを判断することもできない。しかしそうしようとすれば，われわれは他者の目で，すなわち他の人たちならたぶんそう見るだろうと思われるように，それを見るように努める以外にない。（『道徳感情論』）

ロックやルソーの社会契約論の伝統に対して，スミスの公平な観察者の概念を持ち出してくるのは，やや奇妙に思えるかもしれない。それは特に対立するもののようには見えないからである。しかし，この二つの議論では，そこから導かれる不偏性の概念が全く異なるのである。センによれば，ロールズの無知のベールは，一見いかにそれが不偏的で客観的であることを担保しているように見えるとしても，それは所詮は世界の原初状態という閉じられた空間に居合わせた人たちだけが共有している不偏性・客観性に過ぎない。それは外部の視点を徹底的に欠いているのである。これに対して，スミスの公平な観察者の概念は，われわれを部外者の視点へと常に立ち戻らせる。われわれは，スミスの公平な観察者の概念によって，自分自身の正義の概念を，異なる国籍，異なる宗教，異なる言語，異な

る性別，異なる政治的信条，などを持った人の視点から，常に再検討し再評価することに誘われる。正義を考える上で重要なのは，社会契約論から導き出されるような閉じられた不偏性ではなく，公平な観察者の視点から得られる開かれた不偏性なのである。

　ロールズの正義論では，世界の原初状態で人々が最終的に合意する正義の原理は，先ほどの第一原理と第二原理を合わせてただ一つであり，それゆえ，複数の正義が同時に存在する余地はない。また正義は唯一であるので，不完全な正義の状態同士の間で，どちらがより正義に近い状態かを比較検討する余地もない。ロールズの正義論では，正義は唯一であり，不完全な正義同士を比較することには意味がないのである。

　これに対して，センは，正義は複数あって良いのだという。例えば，一本の笛を巡って言い争っている三人の子供（アン，ボブ，カーラ）のことを考えてみよう。アンは自分だけが笛を吹くことができるので，ボブは自分が一番貧しいので，カーラは自分がその笛を何ヶ月もかけて作ったので，というそれぞれの理由で，自分に笛を与えないのは不公正であるといい，笛を要求する。このとき，功利主義的であるアンと平等主義的であるボブと，リバタリアン（あるいはマルクス主義）的であるカーラの正義の間に，優劣を付けることはできないし，また付ける必要もない。正義は複数あって良いのである。またセンは，不完全な正義の状態同士の間で，どちらがより正義に近い状態かを比較検討することにこそ大きな意味があるのだという。唯一の正義のみを，それゆえ不完全な正義の状態を認めないロールズの議論は，喩えて言うなら，ピカソの絵とダリの絵どちらかを選ぼうとしている人に対して，一番いいのはモナリザだというようなものである。われわれが直面している二つの選択肢のど

ちらかを選ばなければならないときに、この世で最も偉大で完全なものが何であるかを知る必要はないのである。そしてセンによれば、社会的選択理論がその真価を発揮するのはまさにここである。それはまさしく、様々な選択肢を、関係する人の評価に照らして社会的見地から順序付けるという問題を考察しているからである。

結果と機会

ロールズの正義の原理は、各人に平等に自由が担保されるという条件が満たされた上で、ロールズが基本財と呼ぶもの——所得、富、職務に伴う権力や特権など——ができるかぎり平等に分配されることを求めている。そして個人の厚生の基礎をこのように所得や富などに求める考え方は、ロールズにかぎらず主流派の経済学や社会的選択理論にも多かれ少なかれ共通したものである。しかしセンは、このように、われわれ人間の厚生を単に選択の結果あるいは状態の結果から判断しようとする考え方を、帰結主義あるいは結果主義と呼んで批判する。実際、センによれば、われわれ人間の厚生は、人々が実際に「選択したこと」だけではなくその背後にある「選択肢の豊富さ」にも依存している。あるいは人々が「達成した成果」だけではなく「達成するための自由」にも依存している。

例えばいま、身体に障害のある人のことを考えてみよう。身体に障害のある人は、仮に全く同じ所得を得ていたとしても、健常者と全く同等に行動できるわけではない。身体に障害のある人は、所得を機能に変換する能力において、はじめから健常者より不利な立場に置かれている。われわれは、人々が行うことだけでなく、行うことができることの豊富さ＝ケイパビリティにも注目しなければならない。結果が豊かなだけではなく、機会も豊かでなければならない

のである。

　ロールズの正義論は，社会契約論に依拠し，それゆえ閉鎖的な不偏性を担保できるにすぎない。唯一の正義しか認めない，それゆえ複数の不完全な正義の状態を比較し得ない。そして帰結主義的である。これに対して，センの正義のアイディアは，スミスの公平な観察者のアイディアに依拠し，それゆえ開放的な不偏性を担保できる。複数の正義を認め，それゆえ複数の不完全な正義の状態を比較できる。そして結果の平等だけではなく機会の平等＝ケイパビリティを重視する。センの正義のアイディアは，徹底して「複数性」と「開放性」を重視しようとする。「単一」の正義ではなく，「複数」の正義を，「閉じられた」「合意」ではなく，「開かれた」「討議」を。デカルトがフランスからオランダに逃れて徹底して自明な自己を懐疑したように，インドに生まれアメリカとイギリスを行き来しながら生きたセンは，自らが公平な観察者として，徹底して閉ざされた単一の正義を懐疑したといえるのかもしれない。

アマルティア・セン（Amartya Sen, 1933- ）

　インド出身の経済学者。インドの大学を卒業後，ケンブリッジ大学で学ぶ。2004年よりハーバード大学教授。貧困や飢餓，社会的公正をめぐる研究により1998年，ノーベル経済学賞受賞。邦訳多数。

参考・関連文献
　アダム・スミス『道徳感情論』（高哲男訳，講談社学術文庫，2013年）
　セン『不平等の再検討』（池本幸生他訳，岩波書店，1999年）
　ジョン・ロールズ『正義論』（川本隆史他訳，紀伊國屋書店，2010年）

（荒川　章義）

ロナルド・H・コース

『企業・市場・法』
The Firm, the Market and the Law, 1988

宮沢健一，後藤晃，藤垣芳文訳，東洋経済新報社，1992年

――「企業の本質」と「社会的費用の問題」――

　2013年9月2日に102歳という長寿を全うして亡くなった1991年のノーベル経済学賞受賞者，ロナルド・H・コースは寡作の学者として知られている。しかし，その長い経済学者としての経歴の中で，彼の名を不朽のものにしたのは，本書に所収されている2つの論文，「企業の本質」(1937年) と「社会的費用の問題」(1960年) によってである。

　ところで，コースの逝去を伝えるわが国でのある新聞紙上では，「米国流企業理論の先駆者」という見出しとともに，彼を「市場の機能を万能とみなす経済学説を唱える「シカゴ学派」の経済学者」と紹介している。たしかに彼は1964年からシカゴ大学（経済学部ではなくロー・スクール）に所属をし，その機関誌『ジャーナル・オブ・ロー・アンド・エコノミクス』の主幹を1982年まで務めた。しかし，コース自身の編集による本書を仔細に読むならば，こうした紹介が，いかに誤ったコース理解であるかがわかるはずである。コースは一貫して正統的な新古典派理論に対して強い批判の立場をとってきた。必要な全ての情報が利用可能であると仮定して，教室で講義される経済理論を，彼は「黒板」経済学と呼び，そうしたリ

アリティのない経済学のアプローチからの脱却を強く訴えたのである。

さて以下では，上で挙げた2つの論文をとりあげる。単一の論文が，それまでの経済学における見方や考え方を変え，それに代わる新たなアプローチの方向性を示すというのは経済学の長い歴史の中でもあまり例のないことである。スウェーデン王立科学アカデミーがコースのノーベル経済学賞授賞を伝えるプレス・リリースにおいて，コースは「経済システムにおける新しい「素粒子」を同定したといえるのかしれない」と述べたことは，あながち大げさな言い回しともいえないのである。

企業の存在――「取引費用」という革新的なアイディア

コースは，伝統的な経済理論においては，「そのほとんどの場合，企業と市場は存在するものと仮定されており，それ自体が分析の対象となっていない」と述べる。ミクロ経済学における企業は，市場の条件として完全競争市場，技術の条件としての生産関数と完全な技術情報が与えられたときの投入を産出に変換する装置にすぎないものとして概念化される。そこでは生産についての意思決定はなされるものの，生産がなされる内部の諸関係がどのようなものであるのか，またどのようにして生産が行われるのかについては立ち入る必要がないものとして概念化される。このような企業は，質量はもつが空間的な広がりはない「質点」と同じようなものであるとして，「点」としての企業像と呼ばれたり，企業の内側を問う必要もない「ブラック・ボックス」としての企業とみなされてきた。

こうした伝統的経済理論の企業理解に対して，「そもそもなぜ企業は存在するのか」という根源的な問いを発するのが，コースの

「市場の本質」という論文にほかならない。発想の出発点は，市場と企業は資源配分に関する代替的な二つの仕組みであると理解する点にある。要するに，「企業の外部では，価格の変動が生産を方向づけ，それは市場における一連の交換取引を通じて調整される。企業内部では，このような市場取引は排除され，交換取引を伴う複雑な市場構造に代わって，調整者としての企業家が生産を方向づける」。企業の外部での市場においては，価格メカニズム（「見えざる手」）が作用して生産や流通の活動が方向づけられ，市場での競争原理によって企業間の一連の取引が調整される。これに対して，企業の内部では，組織としての計画原理が働き，命令や指令，慣習やルールによる組織原理（「見える手」）が作動して，組織内の資源の配分が行われる。

それでは，どのような場合に，市場に代わって企業が登場するのか。この問いに対する解答の鍵は，コースが「市場利用の費用」と呼ぶものの焦点づけにある。市場において取引がなされる場合には，取引契約前にかかる探索と情報の費用，取引契約をかわすこと自体にかかる交渉と意思決定の費用，取引契約後にかかる監視と執行の費用など，取引を制御するための諸費用が必要になる。同様に，組織の内部で取引が行われるときにも，種々の費用が必要になる。例えば，経営者が各職務に従業員を割り当てるという形で資源の配分がなされる場合には，経営者がある職務に従業員を割り当てる前に，従業員の能力を把握する必要がある。また職務を割り当てた後にも従業員の行動を監視する必要がある。これらの一連の活動にも費用がかかる。このように市場での取引においても，組織内の取引においても，種々の費用がかかるのである。これら一連の費用が，コースが「企業の本質」を執筆した後に，「取引費用」と呼ばれるよう

になったものである。

　かくして，市場での取引に要する費用が，組織内での取引に要する費用を上回るとき，市場に代わって企業が登場する。このことをコース自身は，次のように述べている。「生産は個人間の契約という手段によって全く分権化した方法でなされうるが，その生産物の取引に入るや，何らかの程度の費用が発生する。そのため，市場を通じて取引を実行するための費用に比べて，それが少ない費用で済む時には，市場でなされていた取引を組織化するための企業が生まれる」。さらに，企業の規模の限界がどこで画されるかといえば，それは「取引を組織化するための費用が，それを市場を通じて実行する場合の費用と等しくなるところである」。

「コースの定理」——コースの真意に対する誤った解釈

　「コースの定理」という用語は，彼自身によるものではない。その定式化も含めて，この用語が人口に膾炙したのは，シカゴ大学の同僚であったジョージ・スティグラーの1972年の論文によってである。このコースの定理という用語とともに，コースの論文「社会的費用の問題」は広く引用され，学会誌の中で様々に議論された。コース自身は，こうした学界における反応を歓迎しつつも，「その経済分析への影響は，私が期待したほどには望ましいものではなかった」，「この反応に私は失望した」と述べる。

　コースは，なぜこのように述べなければならなかったのか。コースが論文「社会的費用の問題」で示したことは，「ある条件が満たされる」ならば，権利の割当てと資源配分の効率的結果とは相互に独立になるということである。「ある条件」とは何か。権利の割当てが明確に定義されており，かつ交渉が支障なく行うことができる

ということ、すなわち「取引費用がゼロであること」である。

　コース自身は、このことを次のように述べている。「私が「企業の本質」で示したところは、取引費用が存在しない場合には、企業が存在する経済的理由はないということである。また「社会的費用の問題」で私が示したことは、取引費用が存在しない場合には、法律がどのようなものであるかは問題とならないということである」。要するに、もし取引費用がゼロならば、資源配分は法的権利・義務のあり方に左右されない。すなわち、どのように権利が割当てられようとも、市場における自由な交渉取引を通じて資源は効率的に配分され、利用されることになる。これがほとんどの経済学のテキストで解説されるコースの定理の内容である。

　しかし、これはコースが議論しようとしたことの半分を伝えるにすぎない。コースの「社会的費用の問題」での真意はむしろこの先にある。すなわち、取引費用が正であるならば、法的権利・義務のあり方は到達される資源配分の結果に影響を与えるというものである。したがって、ある法制度のもとでは最適な調整が、他の法制度のもとでは最適な結果をもたらしえないことは大いにありうるし、また、ある状況では、自由な市場取引だけでは問題を解決できず、法や政府による権利の割当ての構造や仕組み、すなわち所有権システムの再編成が必要になるのである。

　要するに、コースが議論しようとしたのは、取引費用がゼロという理想的な世界を思い描いて、最適な資源配分や市場メカニズムの優位な機能を説明しようとしたのではない。全く逆なのである。取引費用の存在が無視できない現実の世界では、何故に資源配分の不効率性が発生し、市場メカニズムがうまく機能しえないようなケースが起こるのかを説明しようとしたのである。コースの定理という

用語とその定式化が,いつの間にか一人歩きしてしまい,それが,コースが「社会的費用の問題」で主張しようとしたことの全てであるかのような誤った解釈が生まれてしまったといえる。

　本書には収録されていない 1981 年の論文("The Coase Theorem and the Empty Core: A Comment," *Journal of Law and Economics*, 24(1))の中で,彼は次のように述べる。「……取引費用ゼロの世界でどんなことが起こるのかの考察は,価値ある洞察をわれわれに与えうる一方,私の見解では,これらの洞察は,取引費用が正の現実世界の分析に向けてのステップとしての以外の価値がない。われわれは,ガチョウのはらわたを仔細に点検して未来を占う預言者たちのように,取引費用ゼロの世界の詳細な研究に多くを費やすことはしないであろう」。取引費用ゼロの世界は,コースにとっては,あくまでも取引コストが正である現実世界の諸問題に取り組むための予備的な作業,あるいは一つのステップにすぎないのである。

現代的展開

　「企業の本質」と「社会的費用の問題」とはともに,取引費用という共通の発想によって貫かれている。コース以後,この取引費用概念は,オリヴァー・ウィリアムソンのよってより洗練され,その概念の定着・応用を経て,取引費用の経済学として体系化がなされていく。そして,取引費用の経済学だけではなく,エージェンシー理論,財産権理論の展開を含めて,広く「新制度派経済学」の展開,さらには「法と経済学」の発展を促すことになるのが,本書におけるコースの問題誘発的な諸考察にほかならない。

ロナルド・H・コース（Ronald H. Coase, 1910-2013）
　ロンドン出身の経済学者。1991 年にノーベル経済学賞受賞。

参考・関連文献
　宮澤健一『制度と情報の経済学』（有斐閣，1988 年）
　コース，王寧『中国共産党と資本主義』（栗原百代訳，日経 BP 社，2013 年）
　依田高典『現代経済学』（放送大学教育振興会，2013 年）

（磯谷　明徳）

オリヴァー・E・ウィリアムソン

『市場と企業組織』
Markets and Hierarchies: Analysis and Antitrust Implications, 1975

浅沼萬里，岩崎晃一訳，日本評論社，1980 年

——取引費用はなぜ発生するのか——

　本書の著者であるオリヴァー・E・ウィリアムソンは，2009 年にエリノア・オストロムとともに「経済的なガバナンス」に関する分析に対する貢献により，ノーベル経済学賞を受賞した。彼は，本書の主題を「市場と階層組織それぞれの内部で，また両者の間で，経済活動がどのように組織されるかを考察」することにあるとする。これは，1930 年代に取引費用の比較にもとづいて「企業か市場か」という選択が行われるという視点を提起したロナルド・コースの構想を継承し，それを精緻化し発展させようとする試みであるとみることができる。ウィリアムソンによるコースが提起した視点の精緻化は，次の二つの作業に向けられることになる。

　第 1 の作業は，コースの取引費用の理論では論じられていなかった「そもそもなぜ取引費用が発生するのか」という取引費用の発生メカニズムを明らかにすることである。第 2 の作業は，市場を含む経済組織の制度的諸形態の分析において，一貫して比較制度論的な視点が採用され，この視点に基づいて取引費用と取引の具体的な状況の分析を行うことである。

取引費用の発生メカニズム

「そもそもなぜ取引費用が発生するのか」という問いに関して，ウィリアムソンが特に注目するのが，意思決定者としての人間の基本的な諸特性である。この点については，彼が経済学博士の学位を取得したカーネギー・メロン大学において，1960年代の初期に「カーネギー学派」を形成していた人びと（サイモン，サイアートやマーチなど）の知的影響を強く受けていたことは想像に難くない。とりわけ「企業の行動理論」を展開したサイアートとマーチが，意思決定プロセスの現実主義を実現しようとする方向に進み，経済主体の最適化行動の仮定を修正することに重きを置いたのに対して，ウィリアムソンは意思決定プロセスの現実主義という立場を採りつつも，人間の本性の基本的属性としての「機会主義」と「限定合理性」の二つを強調する。

機会主義とは「悪賢いやり方での自己利益の追求」という人間行動を想定するものである。これは「効用最大化」の仮定と本質的には同じであるが，この仮定を戦略的行動の余地をも含めるように拡張しようとしたものである。例えば，売り手が嘘をついたり，買い手の無知につけこんだりして，自己利益を追求する機会主義的な行動の可能性が高まるほど，市場での取引費用は高くなる。

限定合理性とは，人々の情報の収集，その処理，その伝達の能力には限りがあり，この限定された能力の下で人間は可能な限り意図的・合理的に行動しようとすることを指している。このような限定合理的で機会主義的な経済主体間で取引が行われる場合には，相手にだまされることがないよう互いに駆け引きが起こり，取引上の無駄，すなわち取引費用が発生する。このように生ずる取引費用を節約するために，取引当事者たちの機会主義的行動を抑止する様々な

ガバナンスの制度が展開されることになる。ここから、ウィリアムソンの議論における企業組織とは、ガバナンスの制度そのものということになる。

なお、本書において、ウィリアムソンは取引費用を発生させる要因として、人間の本性的要因である「機会主義」と「限定合理性」の他に、環境的要因としての「少数性」と「不確実性・複雑性」、そして派生的要因としての「情報の偏在性」を挙げる。「機会主義」と「少数性」、「限定合理性」と「不確実性・複雑性」は相互に強め合う関係にあるものとして捉えられている。

比較制度論アプローチ

取引の具体的な状況を規定するのはどのような要因なのだろうか。ウィリアムソンは、「資産の特殊性」、「不確実性」、「取引頻度」の三つの要因を指摘する。各要因の度合いがどの程度かに応じて、取引費用が増減する。

第1の資産特殊な取引とは、取引当事者が保有する資産が当該の取引に特殊的であるような状態を指す。その度合いが高いということは、当該の取引でしか価値を持たない取引特殊的な資産が存在することを意味する。一般に資産特殊な取引においては、取引当事者間での不必要な駆け引きや交渉が起こる可能性が高いので、取引費用は高まることになる。

第2の取引相手の情報がほとんど得られないような不確実な取引では、一般に取引費用は高くなる。

第3の取引頻度が高い取引では、取引当事者が限定合理的で機会主義的な行動をする可能性があるとしても、取引頻度に比例して相互に相手の情報を得ることができるならば、機会主義的行動は抑制

され，取引費用は低下する。しかし，取引頻度が高くても，取引相手の情報が全く得られない場合には，逆に取引頻度に比例して機会主義が現れるので，取引費用が高まることになる。かくして，これら三つの要因の様々な組み合わせから，多様なガバナンス制度の出現を導くことができる。

例えば，取引に特殊的な投資がどの程度必要であるかと取引頻度とを組み合わせてみよう。もし取引特殊的な投資がゼロであるならば，取引頻度が高かろうと低かろうと，スポット契約という形での市場取引（市場ガバナンス）が効率的になる。この場合には，特定の取引相手を限定することなく自由に取引することができ，取引相手の機会主義的行動にさらされることがないので，市場取引が最も効率的になる。

これに対して，取引特殊的な投資の度合いが大きい場合には，取引相手が特定の相手に限定されることになり，取引相手の機会主義的な行動にさらされる可能性が高まる。この場合，取引特殊的な投資を実行しようとしている取引当事者は，取引相手との長期にわたる安定的で継続的な取引契約が結ばれることがない限り，あるいは彼の所有権が統合され，取引そのものが内部組織化されるということがない限り，そもそも最初から取引特殊的な投資を実施しようとするインセンティブを持つことはないだろう。したがって，取引特殊的な投資の度合いが大きく，かつ取引頻度が高ければ，取引そのものを内部化した垂直統合組織のもとでの統合的ガバナンスが効率的になる。また取引特殊的な投資の度合いが中程度で，かつ取引頻度が高ければ，関係的契約に基づく双務的ガバナンスが効率的になる。このように，取引特殊的な投資の度合いが大きいことから生ずる機会主義的な行動を抑制し取引がきちんと行われるためには，市

場ガバナンスとは異なる別種のガバナンス制度が必要になる。

　かくして，取引費用を節約するガバナンス制度は複数存在する。これを資源配分システムという観点から類型化してみるならば，次の三つが導かれる。一方に，市場的な資源配分メカニズム，他方に，組織的な資源配分メカニズム，そしてその中間として，市場的でも組織的でもない，別な言い方をすれば，市場と組織の特徴をあわせもつ中間組織的な資源配分システムが存在しうることになる。

　以上，可能な制度を相互に比較をするというウィリアムソンの比較制度論アプローチが何を意図しようとしているのかは明らかだろう。彼の取引費用の理論では，唯一絶対的に効率的な取引形態，あるいは組織形態は存在しない。すなわち，ある状況では市場取引が効率的であり，別の状況では組織的取引が，またある状況では中間組織的な取引が効率的であるというように，彼の取引費用の理論では，取引形態と組織形態に関して多元論的な立場に立つアプローチが意図されている。こうした立場を，ウィリアムソンは本書の中で「拘束を受けない市場型の組織の諸形態を支持する方にも，これに反対する方にも偏向は持っていない」と述べている。そして，この多元論的アプローチという特徴のゆえに，彼の取引費用の理論は，経済制度の分析についてはもとより，現存する組織デザインの分析，企業の経営戦略や多国籍戦略の分析，企業の資金調達問題，企業統治の問題の分析など，極めて広範囲な応用が可能になったのである。

「雰囲気」という概念

　本書では，取引費用の発生を論ずる際に「雰囲気」という概念が導入される。この概念は，本書では付随的に論じられるにすぎないが，それは，ここ20年ほどの間に起きている「市場化＝組織の後

退」という現象を考える上で、興味深い視点を提起する。業務のアウトソーシングや正規社員の非正規社員による代替、オープン・イノベーションなど、これまで組織内で行われていた取引がどんどん市場に移されていくという現象の背後にあるのは、情報通信技術の急速な発展である。それにより、市場での取引費用も急速に低下した。この場合、これまで組織の領分であったものをどんどん市場に明け渡してしまうことが効率的であり、企業という組織はもはや不要だということになるのだろうか。

　市場における取引では、通常、「技術的分離可能性」が仮定される。例えば、労働者一人に割り当てられる仕事を他の労働者の仕事と完全に分離できれば、発生する仕事をこなしてくれる労働者を必要な量だけスポット契約で雇えばよいということになる。しかし、ウィリアムソンは、仮に仕事を技術的に分離できたとしても、人間の「態度」については分離不可能だと考える。人間の態度までも分離可能なものとして扱ってしまうと、部分最適となり、結果して全体のアウトプットも下がってしまう。正規社員の非正規社員による代替が引き起こす問題としてたびたび指摘されるのは、まさにこの点である。人びとの仕事に対するやる気や達成感、信頼といった分離不可能なものの蓄積を可能にさせるのが、「満足を呼び起こすような交換関係」である「雰囲気」である。これは市場メカニズムでは十分に扱うことができない組織に固有な要因だということになる。むしろ、そうしたことを良く分かっている組織こそが、仕事に達成感を求め、やる気のある人びとを引き寄せる雰囲気を作り上げているといえる。

「新」制度派と「旧」制度派

　第1章が「新制度派経済学に向けて」と題される本書は，新制度派経済学の誕生を宣言する書物でもある。今日，新制度派経済学の研究プロジェクトに従事する研究者たちが，ヴェブレン，コモンズに代表される旧制度派経済学の研究成果に言及することはほとんどない。コースにいたっては，旧制度派経済学は非理論的，反理論的であるとばっさりと切り捨てる。これに対して，ウイリアムソンは「コモンズと同じく，私は取引を経済研究の根源的な単位と見なす」と述べ，旧制度派経済学における「取引」の研究を改めて関心を注ぐに値いするものとみなす。ただし，旧制度派経済学者たちは，彼ら自身の議論と標準的な経済理論とが本質的に矛盾するとみなしたのに対して，ウィリアムソンが志向する新制度派経済学は，標準的な経済理論に取って代わろうとするものではなく，それを補完するものと考える。この意味で，彼の新制度派経済学は，標準的なミクロ経済理論に対して折衷主義的であろうとする。

オリヴァー・イートン・ウィリアムソン（Oliver Eaton Williamson, 1932- ）
　アメリカの経済学者。2009年，ノーベル経済学賞受賞。翻訳に，『裁量的行動の経済学』（井上薫訳，千倉書房，1982年），『現代企業の組織革新と企業行動』（岡本康雄，高宮誠訳，丸善，1975年）など。

参考・関連文献
　菊沢研宗『組織の経済学入門』（有斐閣，2006年）
　宮本光晴『企業システムの経済学』（新世社，2004年）
　磯谷明徳「制度と進化の経済学」（根井雅弘編『わかる現代経済学』朝日新書，2007年）
　今井賢一，伊丹敬之，小池和男『内部組織の経済学』（東洋経済新報社，1982年）　　　　　　　　　　　　　　　　　　　（磯谷　明徳）

第4部

異端の経済学

ソースティン・ヴェブレン

『有閑階級の理論』
The Theory of the Leisure Class: An Economic Study in the Evolution of Institutions, 1899

高哲男訳，ちくま学芸文庫，1998年

――顕示的消費の理論，アメリカ社会の進化論的解釈とその批判――

　『有閑階級の理論』はヴェブレンの最初の著作である。経済学者はそれを社会学の著作であると主張し，社会学者は経済学の本であると言ったという逸話が物語るように，当初から学際的なものとして知られていた。要するに彼は，ダーウィンの進化論に触発され，当時の主流であった新古典派経済学を批判し，経済学を進化論的科学へ展開させようという独自の観点から本書を著したのである。一言で特徴付けるなら，本書は動物行動学の見地から見た人間行動の経済学的解釈であり，生産の仕方だけでなく，むしろ消費の仕方に焦点を絞った消費の理論である。

制度進化の基本的原動力

　人間の行為や振る舞いの特徴を，動物行動学的見地から，制度＝思考習慣というレベルで一般化し，理論的に再構成しようという方法であったから，ヴェブレンが「不変の人間性」＝人間本性をどのように特徴付けていたかを読み取ることは，難しい。しかし，初期の論文や『有閑階級の理論』の補論として書かれた『モノ作り本

能』(1914年)などをあわせて考えると,以下の三点にまとめられる。①生活に必要なモノを生産するという観点から,効率性を重視し,無駄を嫌悪させるように作用する「モノ作り本能インスティンクト・オヴ・ワークマンシップ」。②種が存続するために欠くことができない「親としての気質パレンシャル・ベント」。③人間集団・社会における個人的な行動の原動力として作用すると同時に,集団や社会の秩序＝上下関係を作りだす作用をもつ「競争心エミュレーション」,これである。

親としての気質については,人間と動物の間で大きな違いはない。種の存続にとって,これは不可欠な生得的本能である。だが,モノ作り本能と競争心については,かなり違いが大きくなる。

生命活動に役立つ知識,たとえば小麦や稲の作り方,毒キノコの見分け方や薬草の効用などに関する知識は,社会的知識として受け継がれていく。動物の親も幼児期の子供に対して同じような知識を与えるが,人間がもつ高い言語能力は,それを累積的に拡大する膨大な科学知識・体系に仕上げていく。したがって人間の場合,親離れするために必要な育児期間は,次第にますます長期化する。ヴェブレンのいうモノ作り本能とは,生産的・技術的知識の別表現でもあって,その基本的な推進力は「知的好奇心アイドル・キュアリアシティー」である。

さらに競争心の作用もまた,動物と人間とではかなり違う。雌をめぐって雄同士が「張り合う」のも餌を食べる順番を決定するのも,ともに競争心に由来するもので,人間の場合にも大差ない。だが人間の場合,道具を作り,農業を開始し,集団や社会構成員を維持するために必要な食料の量を超えるほど生産能力を獲得すると,競争心はもっぱら顕示的閑暇や顕示的消費の世界で,この「余剰」の獲得をめぐって展開されはじめる。

競争心は,人間が他人＝仲間に向かって働きかける関係,つまり

経済学でいう「対人効果」の原動力であって，人間の「社会的意識」を反映する。だから，生産力が高まり，「余剰」が増えれば増えるほど，ますます「対人効果」は大きくなり，多様な人間生活＝文化が展開されていくようになる。効用や幸福・満足の極大化をめざす動機としての「内部効果」の作用だけでは，原子論的個人主義社会以外にどのような社会体制ができあがるか，これを説明できない。ヴェブレンの課題は，労働に従事せず，ひたすら顕示的閑暇と消費にふけることを人生の理想にかかげるような社会は，なぜ，どのように進化してきたのか，これを解明することであった。

未開の平和愛好的段階から野蛮な略奪段階へ

不変の人間性であるモノ作り本能を発揮する程度が，集団内部で行為規範として高く評価され，支配的な「習性や性向」であり得たのは，人類史上最も長かった「圧倒的な貧困にもとづく平和という古代的状態」においてのことであった。人間がモノ作り本能を「本能」として獲得するには，農業が開始されるまでのきわめて長期にわたる「圧倒的な貧困」状態を生きぬく必要があったのである。

生産性が上がって余剰生産物の生産と蓄積が可能になると，労働するよりも，略奪してそれを手にいれるほうがずっと効率的になる。人知を越えた力，偉大な略奪・防衛能力の証拠＝「武勇」を保持していることが集団内部で尊敬のまとになり，最高の「名声の基準」を満たす行為規範になる。その反面で，従来からの行為規範であるモノ作り本能は，誰もがもつありふれた能力になり，格下げされる。こうして「武勇の証拠」である「戦利品」（トロフィー）である私有財産を大量に確保することが新しい名声の基準になり，顕示的閑暇の生活を支える物質的基盤を提供する。封建時代の出来事である。

半平和愛好的な略奪段階から平和愛好的産業段階へ

 だが，財産そのものは，武勇＝戦争以外の手段でも入手できる。安く買って高く売るという意味での「準略奪的」な商業取引，とくに外国貿易は莫大な譲渡利潤をもたらす。さらに，労働に従事して財を生産し，「私有財産」として安全に蓄積・所有できるようになると，貧しい労働大衆まで「所有をめぐるゲーム」に参加しはじめる。モノ作り本能だけしかもたなくても，ひたすら労働にいそしむことによって，隣人と私有財産の量を競い合える──「競争心」の自由な発揮が許される──ことになり，社会で生産される富の量は飛躍的に増加しはじめる。B・フランクリンやA・スミスの時代の出来事である。

 結果的に，所有をめぐるゲームは新しい段階に突入する。獲得するだけでなく，蓄積された富の顕示的な浪費が社会的名声を獲得するためには不可欠となり，顕示的消費──代行的閑暇や消費を含むように拡張される──が，新しい最高の行為規範に転成する。

 たがいに「見知らぬ隣人」からなりたつ新しい産業都市は，競争心を発揮する格好の場である。どれほど貧しくても，人はつねに少しでも上の階層を羨望の眼で注視するから，結果的に上流階級＝有閑階級の生活様式が，精神態度とともに大衆の日常生活の中へ取り込まれてゆく。新聞や雑誌は広告を売る媒体になるから，大衆の消費欲望そのものが，尽きることなくマスコミによって社会的に作りだされる。

 大衆は，それぞれの社会的地位にふさわしい「顕示的消費」の基準をみたすためかぎりなく働きつづけるから，この体制は科学技術の発展が続くかぎり，無限に発展しつづける。しかも，マルサスが心配したような人口の爆発的な増加も生じない。高等教育進学率が

上昇し，高等教育の費用が上がり続けて子供の標準的な＝世間並みの養育費が限りなく上昇するから，子供の数は「顕示的消費」の基準それ自体の作用によって抑制される。

そのかぎり，「顕示的消費」という行為規範が支配する産業社会は，人間性という点で見ると，明らかに均衡・均一化の内的傾向をもっている。行為規範＝大衆の精神態度は「顕示的浪費」という一点に向けて収斂する。無限の消費欲に駆り立てられてダイナミックに発展し続けるように見えても，この世界は個人的な効用・満足の極大化という望みにひたすら支えられ続けるからである。

しかし，競争心に駆りたてられた「経済人」は，所得に応じて最適・最高の「効用」を達成するにしても，「対人効果」という点で見ると，永遠に「満足」を得られまい。あらゆる人が，他の人々に負けない消費をできるはずはない。しかも，「役に立つ」知識は，「金儲けに役に立つ」という意味での知識に限定されるから，人間が他の動物以上に強く，長期間もちつづける「知的好奇心」を自由に発揮するという人間の本能的欲求も，満たされない。

進化と古代的特徴の保存

制度とは思考習慣のことであるが，ヴェブレンの制度進化論の特徴は，「制度の歴史的累積」つまり「制度構造の多層化」を人間本性の多層化として説明した点にある。だから現代社会の人間が身につけている思考習慣は，個人をとってみても社会全体をとってみても，古くから存在するさまざまな思考習慣の束にほかならない。

くわえて「進化」とは，人間の側における生存のための「適応」プロセスである。新しい思考習慣を身につける＝「適応する」ためには，多くの努力とエネルギーが必要である。しかし，新しい制

度・知識への適応よりも,古くからのなじみ深い制度・知識への退行・先祖返りの方が,むしろ人間にはずっと容易なことである。

したがって,制度進化＝思考習慣の自然淘汰は,決して「最適者の生存,敗者の消滅」を意味するわけではない。適応に成功した人間が繁栄することは確かだが,適応の努力をせずに,古くから馴染んできた思考習慣＝制度に戻るという先祖返り的な「適応」も,実際の制度進化のプロセスではしばしば生じることである。高度な産業技術や機械論的科学が要請する新しい思考習慣を身につけるよりも,武勇や金儲けという古くからある思考習慣を選択する人間が決して少なくないのは,このような理由による。

要するにこれは,王朝的国家体制や軍国主義というものは,どれほど近代科学が発展し,合理主義的哲学の効用が喧伝されようと,封建制度が存在しなかったアメリカ社会でさえいつでも復活する,という警告・批判である。と同時に,平和愛好的な「もの作り本能」の原動力である「知的好奇心」と「親としての気質」とが支配的な行為規範であり続ける社会,これがめざすべき社会だというのがヴェブレンのひそかなメッセージである。

ソースティン・ヴェブレン (Thorstein Veblen, 1857-1929)

アメリカの経済学者,社会学者。その学説は制度派経済学と呼ばれる。邦訳に,『経済的文明論』(松尾博訳,ミネルヴァ書房,1997年),『企業の理論』(小原敬士訳,勁草書房,新装版,2002年)など。

参考・関連文献
高哲男『ヴェブレン研究』(ミネルヴァ書房,1991年)
稲上毅『ヴェブレンとその時代』(新曜社,2013年) （高　哲男）

ジョン・ケネス・ガルブレイス

『ゆたかな社会』
The Affluent Society, 1958, 40th anniversary ed., 1998

鈴木哲太郎訳,岩波現代文庫,2006年(決定版)

——社会の真の豊かさを問い質した20世紀の古典——

「スプートニク」の確信

1957年秋,ソビエト連邦が世界初の人工衛星「スプートニク1号」の打ち上げに成功した。アメリカ経済学界の異端児ガルブレイスが代表作『ゆたかな社会』の初版を刊行するのは,その翌年のことである。前年にこのニュースを聞くまで,ガルブレイスは自著の成功に懐疑的であったという。無理もない。なにしろ本書は,世界一の繁栄を謳歌した当時のアメリカ社会をつかまえて,それがかぎ括弧つきの「ゆたかな」社会でしかないことに警鐘を鳴らすものであったのだから。といっても,アメリカが途上国のような意味で貧しい社会だというのではもちろんない。むしろ,ここではこうした豊かさと貧しさとを対極的に捉える私たちの常識に揺さぶりをかけ,豊かさの中に貧困を見いだすこと,もっといえば,アメリカ社会は豊かであるがゆえに貧しいという逆説を示し,その理路をたどることが目指されたのだ。

造語の名人ガルブレイスが本書の中ではじめて使ったもので,後に特許をとっておけばよかったと冗談めかして語ったものに「通念」(conventional wisdom)ということばがある。私たちは,複雑に

絡み合う経済社会の動きを理解しようとすれば，通常，受け取った事実を解釈するための観念に頼らざるを得ない。通念とは，こうして事実とその解釈を媒介するために人々の間で利用されるうちに人口に膾炙した観念の体系である。本書でガルブレイスが批判の矛先を向けたのは，経済学が長きに渡って広めてきた通念であった。

では経済学が広めてきた通念とは何だったのか？ それは「絶望の伝統」であり，あくなき生産拡大＝経済成長の要請であった。18世紀にアダム・スミスが「諸国民の富の本質と原因」を問い質して以来，主流派経済学者たちが私たちに語って聞かせてきたことは，庶民の必要に対しつねに物資が不足してしまうことの必然，それゆえに人びとはいつもより多くの生産に駆り立てられ，より多くの所得獲得を義務付けられているという絶望的現実であった。こうした現実を前に，国家の介入を制限し市場の自由な働きに委ねることは，豊かな社会を実現するためのもっとも有効な方法であるとみなされてきた。

ガルブレイスによれば，「通念の敵は観念ではなくて事実の進行である」。20世紀も後半に入ったアメリカの現実は，あくなき経済成長を押し進める通念に待ったをかけるものであった。アメリカの豊かさは見せかけのものではないのか？ 市場に任せておくだけで社会に真の意味の豊かさを実現することは可能なのか？ 「スプートニク」とは，アメリカ社会にこうした反省を迫るきっかけとなる「事件」だったのだ。

消費者は「裸の王様」
20世紀半ば，「ゆたかな」社会アメリカの市場は提供される生産物で溢れかえっており，必要という名のそれを容れる容器もとっく

に飽和を迎えていた。にもかかわらず，古い時代の通念を引き摺る経済学は，依然生産増大の重要性を強調し続けていた。ガルブレイスが攻撃を加えたのは，こうした時代遅れの通念であった。

　ガルブレイスによれば，こうした通念の神通力を支えていたのが，経済学者による手の込んだこじつけの理屈＝消費需要の理論であり，その中心にある「消費者主権」の概念であった。すなわち，主権者である消費者は，所有する貨幣を用いて，市場で自らの欲望を充たすための投票活動を行うのであり，こうした消費者の投票＝選択行動が生産者の生産活動を方向付けるものとみなされる。

　だが，消費者は本当に市場における主権者なのだろうか？　その説明にある種の欺瞞を嗅ぎつけたガルブレイスは，真実を照らし出す強力な武器を考案した。それが「依存効果」（Dependence Effect）と呼ばれ，後に本書の代名詞となる概念であった。依存効果とは「欲望は欲望を満足させる過程に依存する」と定義され，消費者の欲望があらかじめ自律的に存在するものではなく，市場で取引する企業の広告・宣伝活動をつうじて，あの手この手でつくり出されるものであることを示す概念である。

　ガルブレイスのいうとおり，消費活動が企業によって他律的に形成される欲望を充たすためのものだとしたら，はたして通念に従って生産の増大を図ることにどれだけの意味があるのか？　しかも問題は，飽和した需要を充たすための無駄な生産というだけにとどまらない。なぜなら，過剰な生産を支えるためには新たな社会的装置が生み出されなければならないのであり，そのことがより根源的な危険を社会にもたらすからである。

　どういうことだろうか？　その理路をガルブレイスは「集金人の到来」と名づけた章でたどっていく。考えてみて欲しい。消費者に

喚起された欲望が市場での有効需要となるためには，貨幣による購買力の裏打ちが必要となるはずだ。だが，消費者の手元に貨幣はあるのか，あるとすればいったいどこから運ばれてきたのか？　消費者信用の出現である。企業による欲望の創出はじつに消費者負債の発生と対をなす過程であったのだ。現代では，実体経済がますます金融取引の波に飲み込まれつつある。アメリカの低所得者層に住宅購入を実現させたサブプライムローンの顛末を知っている私たちが，ガルブレイスの抱いた危惧を半世紀前の杞憂だと笑えるはずがない。

目指すは社会的バランスの回復

時代遅れの通念を攻撃するガルブレイスにとって，依存効果と並んで強力な武器となったのが「社会的バランス論」(the Theory of Social Balance) と呼ばれる考え方である。

ここでいうバランスとは，流行の衣服，最新鋭の家電や自動車といった民間部門で提供される財・サービスと，学校，街路，公園といった公共部門で提供される財・サービスとのバランスである。もう少し敷衍すれば，物的な財への投資と人間への投資とのバランス（このアンバランスが公教育の問題を引き起こす），あるいは，市場で売買される財・サービスのフローと，社会で共有されるストック（及びそうしたストックが生み出すフロー）とのバランス（このアンバランスが都市のアメニティや自然環境の問題を引き起こす）である。本来豊かな社会とは両者の調和がうまく取れているはずだが，現実の「ゆたかな」社会は著しくバランスを欠くというのがガルブレイスの見立てであった。

すでに述べたように，経済学が打ち立てた通念は生産の増大＝経済成長を第一義とする。だが，社会の中で生産が増大するためには，

分業が広く深く浸透し，従来市場で取引されていなかったものが商品として売買されるようになり，市場による社会関係の包摂が進まなければならない。ペットボトルに入った飲料水が小売店で売られ，高齢者の日々の世話が介護サービスとして提供されるように。もちろん，現実の社会が教えるのは，こうした市場化・商品化の浸透が決してバランスよく進んでいくわけではないということだ。依存効果によって倍加される生産の拡大が，通念が教えるようには社会の豊かさにつながらないと考えられる理由がここにある。社会が市場に包摂されていけばいくほど，逆説的だが，公共部門の役割が重要になるというのだ。

新しい時代の社会保障

　物に溢れた「ゆたかな」社会では，通念に反して，財・サービスをつくるという意味での生産は重要性を失う。だが，経済的保障という観点からはそうではない。というのも，生産の増大は新たな雇用を生み，人々の所得を増加させる働きがあるからである。生産は単に物だけでなく，人びとの日々の生活の保障をも生み出しているのだ。だが，こうした観点から生産を重視することもまた大きな問題を抱えているとガルブレイスは考える。

　「ゆたかな」社会の当然の帰結が，人びとの求めに応じて雇用を与え，所得を保障すること，そのために緊要でもないものを作り続けることなのだとすれば，あまりに不合理ではないか。問題は所得がつねに生産と結びつけられていることに起因しており，両者を切り離す方策が模索されなければならない。もちろん，現在の社会にも，失業手当のように生産とは切り離して所得を与える手段は存在する。だが，生産を第一義とする通念が支配するところでは，こう

した手段は支給額・支給期間ともに限定されたものにとどまらざるを得ない(「働かざるもの食うべからず」である)。そこで本書では,雇用とは無関係に,一般的な権利として基礎的所得を与える最低所得保障の構想が示される。

1996年,民主党クリントン政権下のアメリカは,ニューディール以来の福祉政策の伝統に別れを告げるべく,脱福祉の方向へ大きく舵を切った。それは,従来福祉受給者であった母子世帯の母親に就労を義務付けるもので,「福祉から就労へ」というワークフェアの線に沿った福祉改革であった。だが,ガルブレイスがすでに見通していたとおり,「ゆたかな」社会ではますます生産が重要性を失い,雇用は量・質ともに大きな変容をこうむらざるを得ない。こうした社会の変容を無視して,福祉受給者にいたずらに就労を義務付けることは悲劇しか生まない(低賃金で長時間労働を課される非正規雇用の現実を見よ)。

ガルブレイスは,「ゆたかさ」の一つの帰結が社会の保守化であり,貧困者への政治的無関心の増大だと語った。本書は,初版刊行以降,第2版(1969),第3版(1976),第4版(1984),40周年記念版(1998)と半世紀近く版を重ねてきた。インフレーションに対する警告など後に修正された論点もいくつかあるが,社会的バランスを欠きながら成長を追い求める社会の危うさを解明し,公共部門の意義を探る主題はいまだ古びていない。一億総中流の幻想から目覚めつつも,いまだ成長信仰から脱却できず,経済格差を拡大させながら著しくバランスを欠いた社会に生きる私たちにとって,本書を再読する意味は決して小さくない。

ジョン・ケネス・ガルブレイス（John Kenneth Galbraith, 1908-2006）
　カナダ出身。ハーバート大学名誉教授。2メートルを超える長身でもあった。平易な語り口の著作は世界中で多くの読者を獲得し，日本でも多数の翻訳が出ている。

参考・関連文献
中村達也『ガルブレイスを読む』（岩波現代文庫，2012年）
根井雅弘『ガルブレイス　制度的真実への挑戦』（丸善ライブラリー，1995年）

（神野　照敏）

第4部　異端の経済学　　　　　　　　　　143

ジョーン・ロビンソン

『資本蓄積論』
The Accumulation of Capital, 1956, 3rd ed., 1969

杉山清訳, みすず書房, 1957年（第3版1977年）

——「ケンブリッジ資本論争」と「ポスト・ケインズ派」——

「古典派」「新古典派」「新々古典派」「ポスト・ケインズ派」

　まず，学派に関する用語を整理しておこう。18世紀から19世紀にかけて，労働価値説に基づき経済学の体系を確立した潮流を「古典派」と言う（スミスとリカードに代表される）。続いて，19世紀後半以降，限界原理に基づく価格理論を展開した潮流を「新古典派」と言う（マーシャルとワルラスに代表される）。新古典派をもっぱらの論敵として，それまでの経済学を古典派と一括する独特の用語とともに，新しい経済学を打ち立てようとしたのが，1936年に『一般理論』を出版したケインズである。

　第二次世界大戦後，ケインズと新古典派とを総合しようとする潮流（サムエルソンに代表される）と，ケインズを批判する潮流（フリードマンに代表される）とが併存したが，いずれにせよ新古典派を何らかの形で継承する潮流が主流派であった。なお，この潮流をケインズ以前の新古典派と区別して，「新々古典派」と言うこともある。

　こうした経済学の主流派たる新古典派または新々古典派を批判しつつ，「真の」ケインズ経済学を発展させようとしたのが「ポス

ト・ケインズ派」である。ジョーン・ロビンソンは、その中心人物とも言うべき経済学者である（夫のオースティン・ロビンソンも経済学者であるので、区別するためにフルネームでまたは「ロビンソン夫人」としばしば呼ばれるが、以下、単に「ロビンソン」と呼ぶこととする）。

『一般理論』の一般化と『資本蓄積論』

　ケインズの『一般理論』は、資本と技術とが所与である「短期」における、とりわけ「有効需要」と産出量、そして雇用量との関係を論じたものであった。そうなると、資本と技術とが変動し得る「長期」においてはどうなるのかが課題となる。いわゆる「『一般理論』の一般化」である。

　ハロッドの『動態経済学序説』(1948年) は、この問題に対する一つの解答であったが、「長期の蓄積に関するわれわれの分析は、主として、R・F・ハロッドのモデルの一つの精緻化である」（訳444頁）と、ロビンソンは『資本蓄積論』において記している。なお、ハロッドが「全く未解決のままに残した一つの問題」（訳序5頁）としてロビンソンは、長期的成長における実質賃金と資本との関係、すなわち分配問題を挙げている。

　『資本蓄積論』は邦訳にして500ページ近くの大著であるが、ロビンソンの序文によると、その中心部分は第2篇「長期の資本理論」にある。「その論述の仕方は、最も厳密な単純仮定からヨリ複雑なものへ一歩一歩進んでゆく……やり方である」（訳7-8頁）。ロビンソンはまず、第1部において「技術が唯一つの場合における資本蓄積」を取り上げ、「技術が不変の場合」を検討した後、「技術進歩を導入」する。続いて、第2部において「極めて多様な生産方法が技術的に可能であって、設備の型の異なるにつれて、一人当り

の産出量が異なり，そして，いずれの生産方法を選択するかは，一つにかかって，支配的な費用および物価の水準において，いずれが有利であるかにある」(訳 108 頁)という場合を論じていくという形で，徐々に複雑な状況を検討していく。

しかし，「訳者あとがき」にもあるように，『資本蓄積論』は「一読に非常に根気を要する書物」(訳 483 頁)である。その理由の一端は，比喩を用いるならば，つるかめ算の解法を，連立方程式を使わずに，文章で説明しようとすることにある。よって，『資本蓄積論』巻末の「図表」や「投資された資本の価値」(チャンパーナウンおよびカーンによる)における，グラフや数学を用いての説明の方がむしろ分かりやすいかも知れない(ただし，「図表」におけるロビンソンの説明には誤りがある)。

ロビンソンが厳密に議論を展開しようとしたことも難解さをもたらした。ロビンソンが特にこだわったのは，資本の評価または測定をめぐってである。「資本財存在量の評価は，われわれの行っている分析全体を通じて，最も困惑をもたらす問題である。実際に，現実においては，それは，原理的には解決し得ないものである」(訳 126 頁)。この問題を回避するためにロビンソンは，「現実の如何なる経済においても得られそうにない神話的状態」(訳 107 頁)であるところの「黄金時代」を想定したり，資本の測定にあたって「物理的資本」，「正常生産能力」，「商品表示の資本の価値」，「労働時間表示の資本の価値」の四つの方法を併用したりする。

その上で，「読者は本章および以下の諸章における議論が，その重要性とは不釣合に困難であることに注意してもらいたい。長い論議をつづけた後で，われわれは，前章の結論と本質的には異ならない結論に戻って来るであろう」(訳 108 頁)などと言われると，こ

れ以上読み進めていく気力が萎えていく読者もいるのではないかとも思われる。

「ルース・コーエンの珍奇な事例」

『資本蓄積論』の重要性は、ロビンソンが何を明らかにしたかにではなく、むしろ、何を見過ごしたかにある。

第2部「技術のフロンティアー」の第10章「諸技術のスペクトル」において、ロビンソンは、複数の技術があるとき、より高い実質賃金率（より低い利潤率）には、一般的に、機械化程度のより高い（雇用者1人あたりの産出高がより大きい）技術が対応することを論じていく。その上で、「珍奇な事例」として、実質賃金率の上昇につれていったん選択されなくなった技術が、実質賃金率のさらなる上昇につれて再び選択される可能性について言及している。

ロビンソンは、「このことは、コーエン女史（Miss Ruth Cohen）によって指摘された。以下の記述は、やや込み入った分析部分に関するものであるが、それほど重要ではない」（訳118頁）と、『資本蓄積論』において述べている。

ケンブリッジ資本論争

「ソロー教授がオランダで行った講演（1963年出版）は、次のような感想で始まっている。ジョーン・ロビンソン以外の誰もが資本理論については一致している、と」（『資本理論とケインズ経済学』訳183頁）との皮肉な前置きから始まる「最新の資本理論」（1970年）において、ロビンソンは次のように振り返っている。

私はピエロ・スラッファのリカード『原理』への序文から手掛かりをつかみ、私の分析は（誤謬や遺漏は別として）彼の分析の予

第4部　異端の経済学

告編となった。この主題に関する彼自身の取り扱いが、最終的には『商品による商品の生産』(1960年) として出版されたとき、(私が奇妙な事例として取り扱った)「ルース・コーエンの事例」は非常に重要性をもつと思われた。……「技術の再転換」というあだ名が引き出されたのはここからであった。(『資本理論とケインズ経済学』訳184頁、傍点は邦訳ママ)

イギリスのケンブリッジ大学のロビンソンらのポスト・ケインズ派は、再転換等を根拠として、$Y=F(K, L)$ という新古典派生産関数などに現れる集計的資本の概念、ひいては新古典派経済学の基礎そのものが打ち砕かれたと主張し、アメリカのマサチューセッツ州ケンブリッジ市にあるマサチューセッツ工科大学 (MIT) のソローやサムエルソンらの新古典派と論争を繰り広げた。いわゆる「ケンブリッジ資本論争」である。

議論の応酬を経て、サムエルソンらは再転換の存在とロビンソンらの主張の「理論的正しさ」を承認した。ポスト・ケインズ派は勝利宣言を行った。

「ケインズ経済学の核心」と経済学教科書

論争を通じて、ロビンソンの主張は、ある意味「哲学的」な方向へと重点を移していった。例えば、『異端の経済学』(1971年) の「日本語版によせて」(1973年) では、次のように述べている。

ケインズ革命の核心は、人間の生活は時間を通じて行なわれるということをはっきり認識したことであった。すなわち、変えることのできない過去とまだ未知の将来との間に、たえず動きつつある瞬間において人間は生活しているのだということをはっきり認識したことであった。ところがケインズ以後において、前ケイ

ンズ的な理論を復活させるために時間を廃止してしまうことが必要となってきた。このことは,「資本はいつでも自由にそのかたちを変えることができる」という仮定を通じて行なわれた。すなわち,ある特定の産出物をある特定の技術によって生産する生産能力に対する設備投資が,どの時点でも,他のどのような産出物をどんな技術を使って生産する設備になんのコストもかけないで自由に変えることができるということである。

　二〇年間にわたって,このような見方は,「資本の可測性」にかんする論争にすり変えることによって守られてきた。しかし,この問題は可測性または「資本」とはまったくかかわりのないことである。それは,過去と将来との間になんの差異も存在しないという仮定のもとで,成長の問題を考えようとするための手段にすぎなかったのである。この書物で,わたくしはこのような奇妙な考え方の源泉を古い正統派の理論にまでさかのぼって検討し,そこから生じてきた混乱を整理し,新しいアプローチをひらく一助としたい。(訳1-2頁)

　しかしながら,上記の新古典派生産関数及びそれに基づくソロー流の新古典派成長理論は,ほとんどのマクロ経済学の教科書に掲載され続けており,「ケンブリッジ資本論争」なるものがあったことすら言及されていない。

　一方,皮肉なことに,ロビンソンの若き日の業績『不完全競争の経済学』(1933年)における「限界収入(MR)=限界費用(MC)」の公式は,ロビンソン自身は後に消極的評価を与えているにもかかわらず,ほとんどのミクロ経済学の教科書に掲載され続けている。

ジョーン・ロビンソン（Joan Violet Robinson, 1903-1983）

　イギリスの女性経済学者。激しい論争で知られ，ケインズ理論の発展に多大な貢献をした。1950年代より多数の著作が邦訳されている。

参考・関連文献

　根井雅弘『現代イギリス経済学の群像　正統から異端へ』（岩波書店，1989年）

　G・C・ハーコート『ケムブリジ資本論争［改訳版］』（神谷傳造訳，日本経済評論社，1988年）

　ロビンソン『異端の経済学』（宇沢弘文訳，日本経済新聞社，1973年）

　ロビンソン『不完全競争の経済学』（加藤泰男訳，文雅堂銀行研究社，1956年）

　ロビンソン『資本理論とケインズ経済学』（山田克己訳，日本経済評論社，1988年）

（山本　英司）

ピエロ・スラッファ

『商品による商品の生産　経済理論批判序説』
Production of Commodities by Means of Commodities:
Prelude to a Critique of Economic Theory, 1960

菱山泉, 山下博訳, 有斐閣, 1962 年

――新古典派経済学を批判しマルクス経済学に刺激を与えた連立方程式体系――

「価値ならびに分配の限界理論」の「批判のための基礎」

『商品による商品の生産』は, 邦訳にして 200 ページに満たない小著である。しかし, 経済学に大きな影響を与え,「ポスト・ケインジアン」に分類されつつもそれとは相対的に独立した「スラッフィアン」または「ネオ・リカーディアン」と呼ばれる潮流を生み出すにも至った。

『商品による商品の生産』は,「経済理論批判序説」との副題を有する。批判対象の経済理論が何であるかは, 序文の次の言葉から明らかである。「ただいま公刊された一連の命題は, 価値ならびに分配の限界理論の論議に少しも立ちいらないけれども, 当該理論の批判のための基礎として役立つように企図された」(訳序文 3 頁)。ここで「価値ならびに分配の限界理論」とは, 新古典派経済学と言い換えてよいであろう。

スラッファは次のような体系を想定する。経済は 1 種類ずつの商品を生産する k 個の産業によって構成され, 例えば a という商品の年々の生産量を A とする。a を A だけ生産するのに必要な生産手

段 a, b, ……, k の数量をそれぞれ A_a, B_a, ……, K_a とし，労働量を L_a とする。a の1単位あたり価格を p_a とし，労働1単位あたり賃金を w とする。また，賃金は後払いされるものと仮定し，前払いされた生産手段に対する利潤率を r とする。ここで w と r とは全ての産業において均一であるとする。すると，a について次の方程式が得られる。

$$(A_a p_a + B_a p_b + \cdots\cdots + K_a p_k)(1+r) + L_a w = A p_a$$

同様の方程式が，b，……，k についても得られる。

このとき，$A p_a - (A_a p_a + B_a p_b + \cdots\cdots + K_a p_k)$ は a 産業における所得となるが，k 個の産業の所得を合計すると国民所得が得られる。ここで国民所得を1とすると，また一つ方程式が得られる。

以上より，$k+1$ 個の方程式が得られる。このとき，未知数は k 個の価格（p_a, p_b, ……, p_k）と賃金 w，利潤率 r の合計 $k+2$ 個である。よって，体系は自由度1を持ち，賃金か利潤率のいずれかが与えられれば，方程式の数と未知数の数とが等しくなり，方程式を解くことができる。スラッファは，「生産の体系の外部から，とくに貨幣利子率の水準によって，決定されることが可能である」（訳57頁）として，賃金ではなく利潤率が独立変数として与えられるべきとする。

ここで，先程の a についての方程式に注目しよう。右辺に a の生産量 A が表れている。ここで読者は，両辺を A で割って，A_a/A, B_a/A, ……, K_a/A, L_a/A といった，a の1単位あたり生産に必要な生産手段と労働の係数を求めた上で，収益不変を前提に議論がさらに発展していくものと期待するかも知れない。しかし，スラッファはそのようなことをしない。

スラッファは明言する。「需要と供給の均衡のタームで考えるこ

とに慣れている人なら誰しも，……そこでの議論が一切の産業における収益不変という暗黙の仮定に立っていると想定しようとするかもしれない。……だが，実際には，そのような仮定は立てられていない」(訳序文1頁)。

　新古典派は一般に，規模に関する収益不変と，特定の生産要素に関する収益逓減を想定する。時には収益逓増を扱いもするが，いずれにせよ，変化に焦点をしぼり，限界生産物や限界費用といった限界概念を用いて議論を展開していく。

　それに対してスラッファは，何らの収益法則も仮定せず，さらには需要が何らの役割も果たさない，すなわち新古典派が扱いようのない経済を想定した上で，「生産規模の変化だとか「要素」の割合の変化だとかに依存しないような経済体系の性質」(同)を研究しようとするのである。

「不変の価値尺度」と標準商品

　例えばワルラス流の一般均衡体系においては，需要と供給の均衡を通じて価格と賃金が同時決定され，それに従って分配も内生的に決定される。逆に言うと，分配はそれ自体としては問題になり得ない。それに対し，スラッファは分配それ自体を問題にしようとする。自由度1の体系の意義はそこにある。

　ところで，経済が例えば小麦産業のみによって構成されるのであれば，生産された小麦のうち，種子という形で翌年の生産手段に補填される部分を除いたものが国民所得であり，そのうちどれだけの割合の小麦が賃金に回るかという形で分配を論じることができる。

　しかし，多数の産業によって構成される現実の経済においては，問題は複雑である。なるほど価格と賃金が得られれば，国民所得も

得られ、それに占める賃金の割合といった形で分配を論じることができそうである。しかしながら、先程の a についての方程式を見ても分かるように、利潤率 r が変化すれば a の価格 p_a も変化する。しかも、全ての商品について同様の方程式が得られるところ、$1+r$ によって乗ぜられるところの生産手段と賃金との比率が全ての産業において等しくない限り、価格変化の動きはバラバラとなる。そのような価格に基づいて集計された国民所得に占める賃金の割合の変化が、はたして分配の変化をどれだけ反映しているのであろうか。

これが、リカードも悩ませたという「不変の価値尺度」をめぐる問題である。スラッファは、個別の商品ではなく、「標準商品」と名付けたところの合成商品を価値尺度に取ることでこの問題を解決した。そして、標準商品を価値尺度に取り、賃金 w がゼロのときの極大利潤率を R とすると、$r=R(1-w)$ という、分配に関する賃金と利潤率との相反関係が得られることをスラッファは示したのである。

集計的資本の概念を批判

改めて先程の a についての方程式に注目しよう。a 産業の生産物は、$1+r$ によって乗ぜられるところの生産手段と労働量とによって構成されている。これらの生産手段を形成する諸商品も、それら自身の生産手段と労働量とによって置きかえることが可能であり、1 年前に生産されたことから、1 年前の労働量は $1+r$ によって乗ぜられ、1 年前の生産手段は $(1+r)^2$ によって乗ぜられることになる。さらに 1 年前の生産手段も 2 年前の労働量と生産手段とによって置きかえることが可能であり、2 年前の労働量は $(1+r)^2$ によっ

て乗せられ，2年前の生産手段は $(1+r)^3$ によって乗せられることになる。以下同様の操作を無限に繰り返すことが可能であり，n 年前の集計された労働量を L_{an} とすると，次の「還元方程式」が求められる。

$$L_a w + L_{a1} w(1+r) + \cdots\cdots + L_{an} w(1+r)^n + \cdots\cdots = A p_a$$

これを，スラッファは「日付のある労働量への還元」と名付ける。同様の還元方程式が，b，……，k についても求められることは言うまでもない。

このようにして求めた価格をもとに，スラッファは，ある2商品間の価格差が利潤率の動きにつれて奇妙な動きをすることを示した上で，次のように主張する。「不変の生産方法の前で，相対価格の運動方向が逆転することは，分配と価格とから独立した測定可能の数量としての，資本のいかなる観念とも相容れない」（訳65頁，傍点は邦訳ママ）。

スラッファは別の場所で，議論を拡張して「諸商品の一つの生産に対して，二つの代替的な方法が知られていると仮定」（訳135頁）した上で，与えられた利潤率において，有利な生産方法が選択されるとする。よって，利潤率が上昇すると，生産方法が切り換えられる可能性がある。ところが，さらに利潤率が上昇すると，いったん捨てられた生産方法に再度切り換えられる可能性があることをもスラッファは示した。

このことは後に「リスイッチング（再切換え，再転換，二重転換などとも）」と名付けられ，「日付のある労働量への還元」とともに，新古典派生産関数が前提するところの集計的資本の概念を批判する根拠として，「ケンブリッジ資本論争」において大いに取り上げられた。ただし，スラッファ自身は論争に参加していない。

マルクス経済学とスラッファ

マルクスは『資本論』の第1巻と第2巻において，商品の価値は労働時間によって規定されるとした上で剰余価値という概念を導き出し，様々な分析を行った。一方，第3巻においては，現実の資本主義経済では価値通りの交換は行われず，費用に平均利潤を上乗せした生産価格が成立するとした。その上で，「総価値＝総生産価格」及び「総剰余価値＝総利潤」が成立すると主張した（「総計一致の2命題」）。

この主張に対し，費用部分も生産価格で評価すれば，総計一致の2命題は一般には成立せず，よってマルクス経済学は根底から崩壊するとの批判がなされ，様々な議論が行われた（「転化（転形）問題論争」）。

『商品による商品の生産』は，転化（転形）問題論争に一石を投じることとなった。ある者は，標準商品の導入により，転化（転形）問題はマルクス経済学を擁護する方向で解決されると見なした（例えばドッブ）。またある者は，資本主義経済の分析にとっては生産価格だけで十分であり，スラッファは価値論を不要にしたと見なした（例えばスティードマン）。

従来の，分かったような分からないような言葉による議論を排し，数理モデル等を用いてマルクス経済学を再構築しようとする潮流がアナリティカル・マルキシズムであるが，スラッファはアナリティカル・マルキシズムの源泉の一つであると言えよう。

ピエロ・スラッファ（Piero Sraffa, 1898-1983）

　イタリア出身の経済学者。ケンブリッジで研究生活を送り，『リカード

全集』の編纂などをおこなう。ケインズの『貨幣論』(1930 年) を検討するために結成された「ケンブリッジ・サーカス」の一員でもあった。論文「競争的条件のもとにおける収益法則」(1926 年) はイギリス経済学界を揺るがせた。

参考・関連文献

スラッファ『経済学における古典と近代　新古典学派の検討と独占理論の展開』(菱山泉, 田口芳弘訳, 有斐閣, 1956 年)

高増明「ピエロ・スラッファ　古典派経済学を基礎とした新古典派経済学の批判者」, 大森郁夫責任編集『経済学の古典的世界 2』(「経済思想」第 5 巻, 日本経済評論社, 2005 年) 所収

高増明, 松井暁編『アナリティカル・マルキシズム』(ナカニシヤ出版, 1999 年)

菱山泉『スラッファ経済学の現代的評価』(京都大学学術出版会, 1993 年)

松本有一『スラッファ体系研究序説』(ミネルヴァ書房, 1989 年)

(山本　英司)

第4部　異端の経済学　　　　　　　　　　　　　　　　　157

ジョン・R・コモンズ

『集団行動の経済学』
***The Economics of Collective Action*, 1950**

春日井薫，春日井敬訳，文雅堂銀行研究社，1958 年

──個人の自由意志を実現する「集団行動」──

変容する資本主義のなかで

　世界恐慌から丸 3 年が経過した 1933 年は，資本主義が大きく変化していく年であった。ドイツではヒトラーの独裁政権が誕生する一方，アメリカではフランクリン・ルーズベルトが大統領に就任し，経済復興のためのニューディール政策を始めた。当時ウィスコンシン大学を退職していたコモンズは，この年に主著『制度経済学』を書き終え，それを翌 1934 年に出版した。彼はこの本の最終章を「共産主義，ファシズム，資本主義」とし，共産主義やファシズムから自由主義や民主主義を守るには，自由放任的な個人行動の尊重ではなく，労働組合や経営者団体，そして政党といった自発的な共同体を組織する「集団行動」が重要であると考えた。

　『集団行動の経済学』は，コモンズの死後 1950 年に出版された。この本は，『制度経済学』(1934) と『資本主義の法律的基礎』(1924) の解説書としての役割がある一方，ニューディール政策に対するコモンズの考えが散見できる点に特徴がある。彼が生きた 1862 年から 1945 年のアメリカは，南北戦争後に本格的な工業化が起きて資本主義が急速に進展し，第一次世界大戦後にはイギリスを

抜いて世界一の経済大国となる時期であった。その過程で、株式会社や銀行が続々と誕生し、持株会社や労働組合、そして組織的な政党も生まれ、コモンズのいう「集団行動」が発展していった。

コモンズが希有な学者であるのは、これらアメリカ資本主義の構造的変化を直接経験していることにある。彼はオバーリン大学時代に印刷所で植字工のアルバイトをしていたが、そこでは「労働者」として労働組合の存在意義を認識した。次にジョンズ・ホプキンス大学の大学院を出た後は、「運動家」としてキリスト教に基づく社会改良運動に参加した。ところが、1899年からの5年間は「研究者」として、依頼された卸売物価の調査や移民調査を行いつつ、全米各地の労働組合を訪問し、「調停者」として労使の合同会議に出席した。そして1904年から1932年まではウィスコンシン大学の教授を務め、この間にウィスコンシン州知事の「政策立案者(ブレーン)」として各種の政策提言を行い、アメリカ初の失業保険法の成立に貢献した。もちろん、「経済学者」としても『アメリカ産業社会史』や『合衆国労働史』を執筆し、アメリカ経済学会会長、全米経済研究所(NBER)の理事も務めた。『集団行動の経済学』は、こうした彼の経験が凝縮された遺著である。

資本主義社会における個人と集団

コモンズが考える集団行動に関する理論とは、経済活動をする人々の利害が「対立」する一方、企業や組合など集団への「依存」が高まる社会で、紛争を解決するにはどのような「秩序」が必要かを解明するものである。彼はそのために、理論を構築する最小単位に、法的・経済的・倫理的要素を含めなければならないと考えた。なぜなら、経済活動には所有権の移転や規則の遵守など、法的要素

や倫理的要素が含まれるからである。これを反映した研究の最小単位が，コモンズ独自の「取引」概念である。彼はこの概念を三つに分類した。第一は，法的に同等な者の間で，モノやサービスなどを市場で売買する「売買取引」である。第二は，命令を出す権利をもった法的優位者が，命令に従う義務を負った法的劣位者に対して行うもので，富の生産を目的とした「経営取引」である。そして第三は，法的優位者による富の分配を目的とした，利益と負担を振り分ける「割当取引」である。

これら三つの取引概念をもとに，コモンズは集団行動の説明をしていく。彼は単なる人々の集合体をグループと呼んだのに対し，「自発的意志」をもった人々が構成する集団や組織を「ゴーイング・コンサーン」と呼んだ。これは，将来へ向けて継続（ゴーイング）する活動体（コンサーン）を指し，国家や家族をも対象としていたが，最もよく当てはまるのは企業である。ゴーイング・コンサーンとしての企業では，生産部門で商品生産のために「経営取引」が行われ，営業部門では商品販売のために「売買取引」が行われる。そして，これらを統治する取締役会などで，配当金などの利益配分や従業員の負担を割り振る「割当取引」が行われる。

さらに，取締役会などの統治機構は就業規則などのルールをつくるが，コモンズはこれを「ワーキング・ルール」と名付けた。こうしたルールは，個人の行動を管理することになるが，それだけではない。例えば，個人が就業規則に従うという義務を負えば，同時に個人が就業規則に従って，個人では成し得ない様々なビジネスを行う権利を得ることになる。こうして彼は，集団内のワーキング・ルールである「制度」を「個人行動を統制し，解放し，拡大させる集団行動」と定義した。この制度概念こそ，ヴェブレンやミッチェル

とともに「制度学派」の創始者の一人とされるコモンズの大きな特徴を表している。

経済活動を理解する五つの要素

『集団行動の経済学』では、「主権」・「希少性」・「効率」・「将来性」・「慣習」の五つが経済社会を理解するキーワードとなっている。

「効率」は、労働者１人が１時間にどれだけモノを生み出すかという意味である。これは生産や供給、そして先の経営取引と関係している。「希少性」は、市場での需要価格や売買取引と関係しているが、コモンズはモノやサービスについての需要と供給だけで経済活動を捉えようとはしなかった。なぜなら、希少性はどれだけ貴重なモノやサービスに関する権利をもっているかということなので、法学的には財産権に関係している。そこには、債権や債務、そして特許などの無体・無形財産の売買が含まれている。

コモンズは最高裁判所の判例調査から、財産権の範囲が時代とともに拡大していることを読み取り、「将来性」・「主権」・「慣習」の三つを意識して経済活動を説明していく。すなわち、債権や債務、株式や社債といった無形資産は、将来の時点で契約を履行するという期待に基づいた信用制度である。しかし、こうした制度は、国家つまり「主権」が法的強制力で契約を守らせる必要がある。それが将来において変わりなく続くものと期待できるようになれば、それは集団・組織のなかで「慣習」として定着することになる。

また、何が正しいかどうかの基準は、最高裁が規定した財産概念が変化したように「相対的」で、絶対的ではないと捉えた。コモンズは集団的ルールである制度は、最終的に最高裁判所による判決によって人為的に淘汰されると考えた。これは、アダム・スミスが言

った市場における神の「見えざる手」ではなく，慣習・判例を踏まえた裁判所の「見える手」の存在を重視していた点に特徴がある。ただし人為的淘汰がうまく機能するには，「正当な法の手続き」を経なければならない。そうでなければ，裁判官などの裁定者の暴走を許してしまうからである。こうしてコモンズは，慣習に基づき，プロセスを遵守した人為的淘汰によって，「適正な」資本主義を実現すべきだと主張した。

経済問題における行政的アプローチ

世界恐慌後の国家による経済介入は，先の取引でいうと「割当取引」，場合によっては「経営取引」が国家規模で行われることを意味する。これは，もし命令－服従関係が極端に強化されれば，共産主義やファシズムへ向かう危険性があった。一方，ニューディール政策前のアメリカのように，市場での「売買取引」を尊重するような場合でも，「機会の平等」，「公正な競争」，そして「対等な交渉力」といった「適正な」資本主義に必要なことを実現しなければ，独占や労使紛争といった資本主義の弊害は除去されない。集団・組織の分析を終えたコモンズは，『集団行動の経済学』の最後で，政策論に関わる提言をしていく。果たして，誰がどうやってルール（＝制度）をつくるのがよいのか。彼は，立法府（議会），行政府（執政府：大統領や州知事），司法府（裁判所）に続く，第四の統治部門として，調査目的の行政部門（行政委員会）に注目していく。

これは，例えば行政委員会の一つである産業委員会であれば，統計調査の他に，準司法的に労働者と経営者の利害を調整すると同時に，準立法的に当事者たちの利害を法案に反映させる役割を担っている。つまり，利害の調整を迅速に行う政策を考えるとき，裁判所

の司法的判断は時間がかかり過ぎる。また実際に法を制定する立法府も政治的駆け引きを必要とするため，タイミングを逃してしまうことがある。よって，当事者からの直接の意見聴取や専門家が行う統計調査に基づく行政的な政策立案が，即効性という点で優れている。コモンズは，「農業」，「信用」，「労使」の三つの分野で，こうしたアプローチが有効であることを主張した。

彼は権力の使い方を誤れば極端な方向へ行く危険性を懸念しつつも，それは統計調査による客観性と「正当な手続き」（デュー・プロセス）によって防ぐことができると考えた。そして，このようなアプローチには，消費者や一般大衆でもある労働者の政治的・経済的な「機会」を確保するという重要な意味があった。コモンズにとって，個人は受動的な合理的経済人ではなく，能動的で「自発的意志」をもった存在である。行政的アプローチにおける機会の確保は，個人に自らの意志を伝える積極的な「自由」（フリーダム）を発揮させる点で不可欠なのである。つまり，そうしない限りは，自由主義・民主主義・資本主義を守れないと考えたのである。

ジョン・ロジャーズ・コモンズ（John Rogers Commons, 1862-1945）
　アメリカの経済学者。制度派経済学を代表するひとり。翻訳に，『資本主義の法律的基礎（上）』（新田隆信，中村一彦，志村治美訳，コロナ社，1964 年）など。

参考・関連文献
　伊藤文雄『コモンズ研究　産業民主主義への道』（同文館出版，1975 年）
　高哲男『現代アメリカ経済思想の起源　プラグマティズムと制度経済学』
　　（名古屋大学出版会，2004 年）

（髙橋　真悟）

グンナー・ミュルダール

『アジアのドラマ　諸国民の貧困の一研究』
Asian Drama: An Inquiry into the Poverty of Nations, 1968

板垣與一監訳，小浪充，木村修三訳，東洋経済新報社，1974年（縮冊版）

――制度派経済学者による開発経済学の古典――

インドの貧困

　『アジアのドラマ』は，開発経済学において古典の位置を占める一冊である。この本でいう「アジア」とは南アジアを指しており，主な分析対象はインドである。

　著者ミュルダールは，元来の開発経済学者ではなく，『アジアのドラマ』の前にも重要な研究をいくつか残している。スウェーデン人であり，若い頃は主流派の経済理論を学んだ。しかし，大恐慌に直面して政治活動に目覚めた彼は，社会民主労働党に入党して上院議員にもなり，母国の経済政策や社会政策に深く関与した。さらに第二次世界大戦中，アメリカでカーネギー財団委託の黒人差別問題調査に取り組み，独自の研究スタンスを確立して「制度派経済学者」を自称するようになった。経済問題というのは存在せず，問題はただ問題であり，それを分析するのに経済的要因と非経済的要因という区分は無意味であるどころか有害である。そう考えるようになった彼は，制度や態度，政策をも含めた幅広い分析を示すようになった。

　戦後，国連欧州経済委員会の委員長に就任したことで，ミュルダ

ールの視野は，一国の経済から諸国の経済へ，とりわけ国家間の経済格差の問題へと広がった。10年間その役職を務めた後，インドへと向かう。ヨーロッパを越えて世界経済に関心をもつようになったからであり，妻アルヴァがインド駐在大使になるという好機もあったからである。さらに10年余りを経て，『アジアのドラマ』は公刊された。英語による原書は3巻，2300ページ近くにもなる大著である。日本語版はその縮冊版を元にしている。

近代化諸理念

ミュルダールは「価値前提の明示」という独自の経済学方法論をもつ。社会科学では，とりわけマックス・ウェーバーの価値自由論以来，価値判断（〜すべき）と事実認識（〜である）の峻別が目指されてきた。しかし，ミュルダールの考えでは，そもそも価値関心なしの社会科学はありえない。特定の価値関心によって事実認識の範囲と内容が規定されるのであり，そうして事実認識は不可避的に価値判断の影響を受けるのだから，研究者は事実認識の確定のためにも，その価値判断を分析の諸前提の一つとして明示しなければならない。

南アジアの貧困の研究において，ミュルダールが明示した価値前提は「近代化諸理念」であった。それはおよそ10の内容からなるものとされる。①合理性，②発展と発展のための計画化，③生産性の上昇，④生活水準の上昇，⑤社会的・経済的平等化，⑥制度および態度の改善，⑦国民的連帯，⑧民族独立，⑨草の根民主主義，⑩社会規律，である。

こうした「近代化諸理念」という価値前提の設定に対しては批判が少なくなかった。『アジアのドラマ』は1970年代には日本でも盛

第4部　異端の経済学

んに研究されたが、よく言われたのが、「近代化諸理念」の議論は西欧的価値のアジアへの押し付けであるということである。確かに、議論の端々において、ミュルダールにはヨーロッパの思想的伝統を尊重する態度が顕著であった。だが、彼の方法論的立場を理解すれば、そうした批判は完全には当たらないことがわかるだろう。

まず、近代化諸理念は、南アジアの貧困分析のあくまで価値前提として示されたものであり、考察の結論ではないことに基本的な注意が必要である。それはあくまで分析視点であり、しかも仮説的に設定されている。したがって、単純な「押し付け」というわけではない。また、批判者は「近代化諸理念」に対抗するものとして「アジア的諸価値」をもちだすが、「アジア的諸価値」の意味と意義については慎重に考察される必要がある。ミュルダールは、いまや発展が目指されている南アジアにおいて「アジア的諸価値」が本当にアジア的伝統として尊重され続けられうるかどうかについて鋭い疑問を投げかけており、実際すでに「近代化諸理念」が南アジアにおいて知的エリート層を中心に定着し、大衆にも拡大しつつあるからこそ、価値前提として選択することができたと論じている。

制度的アプローチ

『アジアのドラマ』における分析の最大の特徴は、貧困問題への接近法として「制度的アプローチ」が取られていることである。

ミュルダールは、インドの貧困の問題状態を社会体系（システム）として認識した。彼は社会体系を大きく六つの範疇から構成されるものと捉えている。(1) 産出高および所得、(2) 生産条件、(3) 生活水準、(4) 生活と仕事に対する態度と制度、(5) 制度、(6) 政策、である。経済学ないし初期開発経済学では一般に、最初の二つの範疇は経済

的要因として盛んに分析されてきたが，次の二つは非経済的要因として無視される傾向にあり，最後の政策はまた別枠で考えられてきた。それに対してミュルダールは，これらの諸要因に階層的な上下の規定関係はないとし，貧困問題の分析においては非経済的要因に注目する必要があることを強調した。インドでは，それらの諸要因が互いに関係して経済停滞が生み出されているのであり，その状況は「貧困の悪循環」となっている。

　制度的アプローチの主張においてミュルダールが強く批判しているのは，欧米において開発された経済分析概念を，南アジアへの適用の妥当性を十分に考慮することなく使用することである。南アジアの経済・社会構造は，西欧や共産圏の先進諸国のそれとはまったくといっていいほど異なっている。したがって，欧米で意味をもち，適切な推論を導く経済学であっても，それがそのまま南アジアにあてはまるわけではない。

　たとえば，欧米では経済成長理論としてハロッド＝ドーマー・モデルが発表され，まもなく開発経済学にも適用された。しかし，ミュルダールはそのことに批判的である。確かに先進諸国では投資と貯蓄を概念的に区別することができ，成長経路を決定づけるのは投資といえるだろう。だが，貧困に陥っている地域ではそうではないのであり，むしろ消費増大による労働生産性上昇を通じて成長が見込まれると彼は考えた。あるいは，「失業」の概念があり，とくにケインズ以後は「非自発的失業」が重視されてきた。これに対し，ミュルダールは，南アジアで問題なのは，労働への参加率，就労期間，能率であるという。つまり，労働力の未使用よりも，労働力の低利用・低効率性という問題のほうが重大だというのである。

　ミュルダールは，インドをはじめとする低開発諸国には経済発展

にとって不利な制度的条件が多く存在しており，それらがそこに暮らす人々の態度と結びついていることを重視した。地主や金貸しが存在する旧来の土地保有制度は，農民の主体的な労働インセンティブを削ぎ，農業の改善にとって障害となっている。一人当たり生活水準を上げるには，人口の爆発的増加を抑えること，またそのためにも教育水準を向上させることが必要と考えられるが，対処しうる制度や政策はまったく未発達である。さらに行政面は，基本的な改革を制度化し社会的規律を順守させることができないような「軟性国家 soft state」の性質が強い。これらの結果としての硬直した不平等な社会階層分化が貧困を持続させているというのが彼の分析であった。

目指されるべき「発展」

不平等の拡大（富と権力の集中化）は，経済発展途上プロセスでは当然のことで，成長への不可避な道筋と考えられることがしばしばである。しかし，ミュルダールは，南アジアの状況には独特の要素があるので，むしろ逆のプロセスが妥当するだろうと考えた。すなわち，経済的不平等の縮小が社会的不平等を縮小することで，経済発展に有利な結果をもたらすという。

ミュルダールは「成長」と「発展」の意味を区別する。「発展 development」とは，「低開発 underdevelopment」の状態から抜け出るプロセスであり，発展のための計画化によって探求され達成されうる。「低開発」とは，仕事や生活にとって望ましくない多くの条件の集積が存在している状態であり，一つの社会体系を形成している。したがって，発展とはその全体系を上方へシフトさせることにほかならない。「成長」が GNP などの数値で計測されうるとし

ても,「発展」はそれ以上の意味合いをもつ。ミュルダールが目指したのは「発展」であり,とりわけ彼の議論で重視されたのが平等という評価基準であった。

　開発経済学の勃興から半世紀以上が経ち,その間に世界経済はずいぶん変貌した。1980年代には新興工業経済地域の目覚ましい経済成長があった。東アジアでは,日本が先行して高度経済成長を経験していたが,輸出主導成長戦略の成功で韓国・台湾・シンガポールが後続したのであり,「東アジアの奇跡」と呼ばれた。最近ではBRICs（ブラジル,ロシア,インド,中国）の成長が注目されている。しかし,サハラ以南のアフリカをはじめ,いまなお極度の貧困にあえぐ諸国は残されている。そうした諸国では政情も不安定なことが多い。

　貧困とはどういう状態なのか。開発・発展とはどういう状態を目指すことなのか。かつてアダム・スミスは『国富論』,すなわち『諸国民の富の一研究』を発表し,産業革命が生じつつあるイギリスを背景として国民の富について分析した。『アジアのドラマ』の副題「諸国民の貧困の一研究」には,スミスが意識されている。この本でミュルダールは,貧困の分析を通じて豊かさとは何かを問い直し,貧しい国の視点から世界経済について考察している。

グンナー・ミュルダール（Gunnar Myrdal, 1898-1987）

　スウェーデンの経済学者・政治家。『経済学説と政治的要素』『経済理論と低開発地域』『福祉国家を越えて』『豊かさへの挑戦』『反主流の経済学』など,戦前から1970年代にかけて複数の著作が翻訳された。

参考・関連文献

ミュルダール『貧困からの挑戦(上下)』(大来佐武郎監訳, ダイヤモンド社, 1971年)。

藤田菜々子『ミュルダールの経済学 福祉国家から福祉世界へ』(NTT出版, 2010年)

山岡喜久雄編『ミュルダールのアジア研究』(早稲田大学出版部, 1976年)

(藤田 菜々子)

第5部

市場経済の思想

アダム・スミス

『国富論』
An Inquiry into the Nature and Causes of the Wealth of Nations, 1776

大河内一男監訳, 中公文庫, 全3巻, 1978年／水田洋監訳, 岩波文庫, 全4巻, 2000〜01年

——共感, 分業, 自由競争——

　『国富論』の序文でいうように, 富とは「国民が, 年々消費する必需品と便宜品の量である」というのが, スミスの基本的観点であった。だから彼は, 必需品や便宜品をもたらす労働を「生産的労働」, 使用人などのそれを「不生産的労働」と区別したうえで, 経済の発展にとって「節約と勤勉」が不可欠だと強調した。

　だが,「節約と勤勉」だけでは不十分である。経済発展=「必需品と便宜品」が増加するための最も重要なポイントは労働生産性の向上にあり,「分業」によってもたらされる, というのがスミスの主張であった。

　分業は, 第一に熟練の増加, 第二に移動に要する無駄な時間の短縮, 第三に多くの機械の発明を通じて労働生産性を高める。スミスは, 当時イギリスの小さな町ならどこでも目についた衣服製作に不可欠な必需品である「ピン」の家内工場を, 事例に説明した。

　ピン製造は, 全体でおおよそ18の工程をもつ。一人がいくつかの工程を担当するとしても, 複数の労働者が従事すれば, 同じ作業を一人で通しておこなう場合にくらべ, 技能の習熟は数段速く, 全体で見ればはるかに多くのピンを生産できる。これが工場内（作業

場）での分業である。同じことは，燃料の石炭や鉄鉱石の採掘，鉄の鋳造など，さらに多くの高度な産業知識の蓄積を必要とする産業や企業別の社会的分業についても，まったく同様に成立する。

分業と互恵的利他心，つまり交換性向と共感

　分業が社会的に発展するためには，生産物に対する市場が存在しなければならない。需要があって初めて供給が増えるのであり，分業の発展は「市場の大きさ」＝需要の大きさ次第で決まる。

　だが，市場社会における交換は，自発的で互いに利益を得る＝互恵的利益を達成できなければ永続化できない。生きていくためには自己愛＝利己心が不可欠だが，市場社会に参加するには，それだけでは足りない。お互いの利益への配慮，つまり互恵的利他心を持っていなければならない。

　市場社会は財やサーヴィスの「交換」によって成りたつから，誰でもある程度「商人」になる必要がある。だがこの場合の「商人」は，自己利益を計算するという意味だけではない。社会的な動物である人間は，交換をつうじて他人の利益を実現する以外に自己利益を実現できない，ということを生まれつき知っている。つまり「交換性向」を本能としてもっている。しかし「交換性向」だけではなお不十分だ。交換によって成りたつ市場社会では，生命や財産の安全と自由の保障が大前提になる。

　「あらゆる人が自分自身の労働という形で持っている財産」は，生活必需品と便宜品を生産するだけでなく，あらゆる人が共通にもっている「財産」だから，分業社会における交換の尺度にふさわしい。労働は「苦労と手数」であると同時に，労働者の自由の「犠牲」でもあるから，なおさらのことである。

しかし，自分の労働＝犠牲の大きさと他人の労働＝犠牲の大きさは，一体どうすれば，互いに知ることができるのだろうか。交換の結果として知りうる事柄は，あくまでも事後的な判断——すでに下された即時的な判断の修正——にすぎない。即時的に，つまり交換を行う時点での判断は，「共感」——信頼にもとづく予想——によるしかない。共感を通じる以外に，他人の心つまり感覚の中身を，直接知ることはできない。『道徳感情論』(1759年)でスミスが，「一人の人間が有するあらゆる能力が，他人が有する類似の能力を判定する際の尺度である。私は，私の視力であなたの視力を，私の聴力であなたの聴力を，私の分別であなたの分別を，私の怒りであなたの怒りを，私の愛であなたの愛を判断する」と指摘したように。

　だから，根本的・哲学的に考えるなら，自分の労働生産物を他人の労働生産物と交換する際の尺度は，「自分自身の労働と感覚」以外にありえない。交換比率を変更しようとすれば，自分自身の尺度にしたがって，相手の労働生産物と交換に渡す自分自身の労働生産物の量を「増やしたり，減らしたり」するほかにないのである。

　だが，現実の市場社会では，誰もこのような「哲学的考察」をしない。実際には，貨幣名目＝金銀の量で著される価格を基準に比較する。自分の生産物の貨幣価格が上昇すれば，自分の労働の価値が上がり，逆の場合は，それが下がったと考えるのである。

自然価格論と「神の見えない手」

　あらゆる財の生産は，労働，資本および土地という三つの生産要素を利用してなされる。だから，スミスは，実質的に労働者・資本家・地主の三階級から構成される市場社会を想定したうえで，私有財産の所有者が，それぞれが自分自身の私的利益を自由に追求しつ

第5部　市場経済の思想

づけさえすれば，結果的に，自然価格——労働者・資本家・地主が，もっと有利に利用するべくそれぞれの所有財産の用途を探しても，現在以上に有利な賃金，利潤，地代を実現する見込みがないため，新しい職業や投資先を探したりしないような価格——が達成されると説いた。

　もっとも自然価格の体系は，現代の経済学と同様に，純粋に理論的な，つまりあくまでも理念的な世界に属する思考である。スミスの経済学はもう少し日常感覚に即して，しかも食料の栄養的価値論——小麦や米といった最も栄養価値の高い「穀物」の生産と消費——にもとづいて具体的なレベルで展開されている。

　貧しい時代，つまり人口を養うだけで一杯であるような社会では，小麦や米という主食の生産が最優先事項である。だが，土地の耕作が進展し，十分な量の米や小麦が生産されるようになると，人間は米や小麦だけの消費だけでは満足しなくなる。もっと美味しいもの，さまざまな野菜や果物，ひいては「栄養価値はゼロである」タバコというように，人間はさまざまな贅沢品への需要を拡大し，農業生産物が多様化していく。

　要するに経済発展とは，一時代前には上流階級しか消費できなかった贅沢品を，大衆が消費できるようになるプロセス，つまり贅沢品が必需品に繰り込まれていくプロセスである。スミスが農業を重視したのは，このような順番で製造業が発展し，大衆が消費しうる「便宜品」が大量かつ低価格で供給され，大衆の豊かさ＝消費水準の向上が実現されていく起点が，食料の栄養価値に着目したからである。

　だから，スミスを「自由放任」政策の提唱者と仕立て上げるのは，問題がある。『道徳感情論』でも『国富論』でもそれぞれ一回しか

用いなかった「神の見えない手」という言葉は，慎重に理解される必要がある。これは，人間は神の「見えない手」に導かれて，結果的に社会の生産量を極大化することができる（社会の幸福をもっともよく増進する）から，政府による貿易規制や産業活動の規制は一切不要だ，という主張ではない。現実の市場社会が利己心で蜂の巣をつついたような状態で，政治社会における正義がゆがめられていることを，彼は十分見透かしていた。

秩序と善政――国家（政府）の役割

ローマ帝国崩壊後のヨーロッパは，野蛮民族の領主達に占領された。土地は，生活手段というよりも，権力を保持するための手段であった。「暴力と略奪と無秩序の場」であった農村で権威と権力のシステム的転換をもたらしたのは，「およそ虚栄心のなかでもっとも卑しくかつ強欲なもの」を満たそうとした大領主たちの利己心であった，とスミスはいう。農村に「正常な統治」が導入されたのは，システムとしての商品交換＝市場社会の発展である。

だが，それ自体としてみればまさに「偉大な革命」は，「市場社会」のなかに，都市に起源をもつもう一つの人間の制度＝思考習慣を組み込んだ。「都市の住民は１カ所に集まっているから容易に団結できる」からである。

およそ市場社会というものは，「独占の精神」にもとづく「私的利益」をめぐる戦場になる。農村の製造業者でさえ，「商人や製造業者をまねて」17世紀末以降「穀物輸出奨励金」制度を制定し，穀物価格を人為的に引き上げてきたからである。こうしてスミスは，重商主義的規制は「独占の精神」にもとづいており，各自が自分の資本と労働を自由に活用するという「人類のもっとも神聖な権利」

を侵していると厳しく批判し,「自由競争」の重要さを力説することになった。

 だが,ここにも,注意すべき点がある。スミスが「自由競争」という場合の「自由」は,「公共の利益」を促進するかぎりでの「自由」である。独占をもたらさないためには,自由競争にするほかないという主張なのだ。では,政府(国家)の役割は,一体どうあるべきか。

 スミスによれば,自然的自由のシステムと一致し,主権者・政府が留意すべき義務は三つしかない。①社会を他の社会からの暴力や侵略から守る。②社会構成員を他の構成員の不正義から守り,正義にかなう厳格な統治を確立する。③収益が支出を賄う見通しはないが,社会全体としてみた貢献度が高い一定の公共事業や公共の制度を整備する。

 前の二つに着目すれば,スミスの国家=政府はいわゆる「安上がりの政府」である。だが,③が同時に指摘されていたことを見逃してはならない。スミスが公共事業や公共の制度と指摘したものは,道路や運河建設といった産業基盤整備事業だけではない。「ソフト」な事業,つまり私的な営利事業を拡大する株式会社などの法的な「制度」にくわえて,「青少年の教育」や「あらゆる年代の大衆の啓発」が含まれている。「青少年の教育」や「あらゆる年代の大衆の啓発」が社会の安全を高める「公共の制度」であり,国家の義務である,という主張を見逃してはならない。商業社会の秩序を守るだけでなく,国民の知識水準を引き上げるのも政府の義務なのである。

アダム・スミス (Adam Smith, 1723-1790)

イギリス・スコットランド出身の経済学者，思想家。「経済学の父」と称され，リカードとともに古典派経済学を代表する。

参考・関連文献

スミス『道徳感情論』（高哲男訳，講談社学術文庫，2013 年）

堂目卓生『アダム・スミス』（中公新書，2008 年）

D・D・ラフィル『アダム・スミスの道徳哲学』2007 年（越生利昭，松本哲人訳，昭和堂，2009 年）

（高　哲男）

カール・マルクス

『資本論』
Das Kapital. Kritik der politischen Ökonomie, 1867-94

岡崎次郎訳,『マルクス=エンゲルス全集』第23-25巻, 大月書店, 1965-67年など翻訳多数

——世界をゆるがした未完の体系——

「近代経済学」と「マルクス経済学」

「ミクロ経済学」と「マクロ経済学」とを基礎科目として, 現在, 多くの大学で単に「経済学」として教えられているものは, かつて日本では「近代経済学（近経）」と呼ばれていた。それと並んで,「マルクス経済学（マル経）」は, 日本の経済学界を二分する一大勢力であった。

マルクス経済学の創始者がマルクスであり,「経済学批判」との副題を有する『資本論』がマルクスの主著である。『資本論』は, 実際に最後まで読み通したかはともかく, かつての日本において, 必ずしも経済学を専攻する者に限らず, またマルクスを批判する立場からも, 学生・知識人の必読書であった。

なお,『資本論』第1巻は第2版及びフランス語版がマルクスの生前に出版されたが, 第2巻と第3巻はマルクスの死後, マルクスの草稿をもとに, エンゲルスの編集により出版されたものである。

利潤の源泉としての剰余労働

マルクスは『資本論』を,「資本主義的生産様式が支配的に行な

われている社会の富」（全集訳第23巻47頁）の「基本形態」としての商品の分析から始める。まず，個々の商品の具体的な有用性を質的な側面から「使用価値」としてとらえ，次に，商品同士が交換される際の量的な比率に反映されるものとして「価値」をとらえる。そして，「ある使用価値の価値量を規定するものは，ただ，社会的に必要な労働の量，すなわち，その使用価値の生産に社会的に必要な労働時間だけである」（同53頁）と主張する。

　この，商品の価値を労働に求めるいわゆる労働価値説そのものは，スミスやリカードの古典派経済学においても展開されており，決してマルクスだけのものではない。マルクスの独創性は，利潤の源泉は剰余労働にあると強調した上で，首尾一貫した体系を構築しようとしたところにある。

　『資本論』第1巻第1部第3篇「絶対的剰余価値の生産」においてマルクスが挙げた数値例を見てみよう。資本家が，3シリングの日当を払って労働者を12時間働かせ，24シリングの原材料等から糸を生産し，30シリングで販売したとする。資本家の手元には3シリング残ることとなる。

　24シリングの原材料等の価値は，糸の中に移転されただけである。そこでマルクスは，この部分を「不変資本」と名付ける。そして，生産物価値30シリングから不変資本24シリングを控除した6シリング分を「価値生産物」と名付け，それは12時間の労働によって生産されたものであるとする。ここでマルクスは「労働」と「労働力」とを区別し，労働力という特殊な商品の使用価値が労働であり，労働力の価値は日当の3シリングであるとする。さらに，この部分を「可変資本」と名付け，可変資本3シリングから6シリングの価値生産物が生産されたとして，資本家の手元に残る3シリ

ング分を「剰余価値」と名付ける。また，12時間の労働のうち可変資本に相当する6時間分を「必要労働」と名付け，剰余価値に相当する6時間分を「剰余労働」と名付ける。そして，可変資本に対する剰余価値の比率，または必要労働に対する剰余労働の比率を「剰余価値率」と名付け，「資本による労働力の搾取度，または資本家による労働者の搾取度の正確な表現」（同283頁）であるとする。この場合，3シリング÷3シリングまたは6時間÷6時間より，剰余価値率は100％である。

『資本論』第3巻第3部第1篇「剰余価値の利潤への転化と剰余価値率の利潤率への転化」において，剰余価値は利潤に転化し，剰余価値率は利潤率に転化するとマルクスは主張する。さらに，同第2編「利潤の平均利潤への転化」において，利潤は平均利潤に転化し，価値は生産価格に転化するとマルクスは主張する。よって，資本家が取得する利潤の源泉は，労働者による剰余労働なのであると。

「ブラック企業」は倫理の欠如が問題か？

『資本論』は，長大かつ難解な書物である。「第1版序文」から読み始めてもなかなか本文までたどり着けない。諸々の「序文」や「後記」を飛ばして本文から読み始めたとしても，第1巻第1部第1篇第1章「商品」の途中で挫折してしまう読者も多い（多かった）のではないかと思われる。そこで，初学者には，上記の基礎知識をもとに，まずは第1巻第1部第3篇第8章「労働日」に目を通すことを勧めたい。

マルクスは言う。「資本にはただ一つの生活衝動があるだけである。すなわち，自分を価値増殖し，剰余価値を創造し，自分の不変部分，生産手段でできるだけ多量の剰余労働を吸収しようとする衝

動である」(同303頁)。そのための最も単純な方法が，労働日（1日の労働時間）を延長することである。「労働日」の章においては，資本家がいかに無制限に労働日の延長を求めるか，それがいかに労働者の生活を破壊するかが，舌鋒鋭く論じられている。それはあたかも，労働者を使い捨てにするいわゆる「ブラック企業」のルポルタージュを思わせる。

あまりにも過酷な搾取は，資本主義経済の発展にとってむしろ逆効果であろう。マルクスは言う。「どんな株式投機の場合でも，いつかは雷が落ちるにちがいないということは，だれでも知っているのであるが，しかし，だれもが望んでいるのは，自分が黄金の雨を受けとめて安全な所に運んでから雷が隣人の頭に落ちるということである。われ亡きあとに洪水はきたれ！ これが，すべての資本家，すべての資本家国の標語なのである。だから，資本は，労働者の健康や寿命には，社会によって顧慮を強制されないかぎり，顧慮を払わないのである」(同353頁)。

「しかし」，とマルクスは続ける。「一般的に言って，これもまた個々の資本家の意志の善悪によることではない。自由競争が資本主義的生産の内在的な諸法則を個々の資本家にたいしては外的な強制法則として作用させるのである」(同)。すなわち，資本家の強欲を道徳的に非難しても意味がない，問題は資本主義そのものであると。

マルクスと共産主義

『資本論』全編においてマルクスが折に触れて強調するのは，歴史的存在としての資本主義ということである。資本主義を貫く法則は普遍的な自然法則ではなくあくまでも資本主義に特有の法則であり，また，歴史の中から必然的に資本主義が生み出された一方，資

本主義は自らの発展を通じて必然的に資本主義を乗り越えるものを生み出していくとマルクスは展望する。ちなみに，この歴史観は，『経済学批判』(1859年)の「序言」において要約されており，唯物史観の公式と呼ばれている。

剰余価値は，労働日の延長によって生産されるだけでなく（「絶対的剰余価値の生産」），労働生産力の上昇によって必要労働時間の短縮または労働力の価値の低下を通じても生み出される（「相対的剰余価値の生産」）。マルクスは『資本論』第3巻第3部第7篇第48章「三位一体的定式」において，「資本の文明的な面の一つ」（全集訳第25巻1050頁）として，生産力の発展を指摘する。その上で，これを基礎として，「労働日の短縮」を「根本条件」としつつ，「窮乏や外的な合目的性に迫られて労働するということがな」いところの，「自己目的として認められる人間の力の発展が，真の自由の国が，始まるのである」（同1051頁）と展望する。

このことに関連してマルクスは『ゴータ綱領批判』（1875年）において次のように述べている。

共産主義社会のより高度の段階で，すなわち個人が分業に奴隷的に従属することがなくなり，それとともに精神労働と肉体労働との対立がなくなったのち，労働がたんに生活のための手段であるだけでなく，労働そのものが第一の生命欲求となったのち，個人の全面的な発展にともなって，またその生産力も増大し，協同的富のあらゆる泉がいっそう豊かに湧きでるようになったのち——そのときはじめてブルジョア的権利の狭い視界を完全に踏みこえることができ，社会はその旗の上にこう書くことができる——各人はその能力におうじて，各人にはその必要におうじて！

（全集訳第19巻21頁）

エンゲルスとの共著である『共産党宣言』(1848年)においてマルクスは,「一つの妖怪がヨーロッパをさまよっている——共産主義の妖怪が」(全集訳第4巻475頁)という言葉で始め,「万国のプロレタリア(労働者)団結せよ！」(同508頁)という言葉で締めくくっている。マルクス主義は多くの労働者・農民や知識人を魅了し,「共産主義の妖怪」は20世紀において,ロシアや中国をはじめとする多くの国々に政権を樹立するに至った(いわゆる「社会主義革命」)。それらの国々が「自由の国」などでなかったことは,今となっては明白である。1989年のベルリンの壁の崩壊とともに,マルクス経済学の権威は大いに失墜した。

しかしながら,特定の政権や党派の最高指導者がマルクスの解釈権を最終的に握っているという不健全な状況が崩壊したことは,学問にとってむしろ幸いと言わざるを得ない。それにしても,グローバル化の進行の下,非正規雇用が拡大し「ブラック企業」が注目を浴びるなど,21世紀に至ってマルクスの言葉がますますリアリティーを持って迫ってくるのは果たして幸いと言うべきであろうか？

さらに皮肉なことに,マルクスは,資本主義がどのようにして生み出されたのか,そもそも賃労働者や資本家がどこからやってきたのかについて,『資本論』第1巻第1部第7篇第24章「いわゆる本源的蓄積」において論じているが,そこでの議論は,いわゆる「社会主義国」の市場経済化においてもリアリティーを持って迫ってくるのである。

本源的蓄積の歴史のなかで歴史的に画期的なものといえば,形成されつつある資本家階級のために槓杆として役だつような変革はすべてそうなのであるが,なかでも画期的なのは,人間の大群が突然暴力的にその生活維持手段から引き離されて無保護なプロ

レタリアとして労働市場に投げ出される瞬間である。農村の生産者すなわち農民からの土地収奪は，この全過程の基礎をなしている。この収奪の歴史は国によって違った色合いをもっており，この歴史がいろいろな段階を通る順序も歴史上の時代も国によって違っている。それが典型的な形をとって現われるのはただイギリスだけであって，それだからこそわれわれもイギリスを例にとるのである。（全集訳第 23 巻 935-6 頁）

ここでマルクスが例にとるのは 15 世紀から 18 世紀にかけてのイギリスにおけるエンクロージャー（共同地囲い込み）であるが，もしもマルクスが 21 世紀に甦れば，中国における土地収用と農民工を例にとったかも知れない。

カール・マルクス（Karl Marx, 1818-83）

プロイセン（現ドイツ）のユダヤ人家庭に生まれる。20 世紀の思想に最も大きな影響を与えたひとり。『資本論』の翻訳は多いが，近年の訳に筑摩書房版（今村仁司ほか訳，第 1 巻のみ），日経 BP 社版（中山元訳，第 1 巻のみ）がある。

参考・関連文献
『マルクス＝エンゲルス全集』（全 41 巻 45 分冊＋別巻 4 ＋補巻 4，大月書店，1959-91 年）
『マルクス資本論草稿集』（全 9 巻，大月書店，1978-94 年）
置塩信雄，鶴田満彦，米田康彦『経済学』（大月書店，1988 年）
富塚良三，服部文男，本間要一郎編集代表『資本論体系』（全 10 巻 11 分冊，有斐閣，1984-2001 年）
水田健「K・マルクス (1) 古典としてのマルクスを読む」，大田一廣責任編集『社会主義と経済学』（「経済思想」第 6 巻，日本経済評論社，2005 年）所収

（山本　英司）

ジョン・メイナード・ケインズ

『自由放任の終焉』
The End of Laissez-Faire, 1926

山田文雄訳, 社会思想研究会出版部, 1953年／宮崎義一訳, 世界の名著57[69], 中央公論社, 1971年／宮崎義一訳, ケインズ全集第9巻, 東洋経済新報社, 1981年

――政府は何をなすべきか――

自由放任思想の系譜

ケインズの『自由放任の終焉』は，シドニー・ボール基金から依頼を受けて1924年11月にオクスフォード大学で行われた講義，および1926年6月にベルリン大学で行われた講義をもとに，レナード・ウルフおよびヴァージニア・ウルフ夫妻の手でホガース・プレス社から出版された。

近代の社会思想の潮流の中で，私的利益と公共善との調和という思想に科学的根拠を与えたのは経済学者であったと考えられている。個人が自己の利益を追求するとき，それが同時に公共の利益の促進にも貢献していることになるという教義は，実業家たちにとって好都合なものであった。こうした主張が登場してきた背景には，18世紀の政府の腐敗があった。国家が18世紀において自らの領分を超えて行なった行為は，ほとんどすべて有害ないし失敗であったように思われた。

18世紀には神の摂理，ないしは自然法的根拠に基づいて自由放任が支持されたが，19世紀になるとダーウィニズムが登場する。

第5部　市場経済の思想　　　　　　　　　　　　187

これは，世界が神の御業によってではなく，偶然や混沌から誕生したと考える点では正反対であるが，自由放任を支持するという点において両者は共通している。ダーウィン主義者によれば，富は自由競争の賜物であるばかりか，自由競争が人間を造ったという。適者生存の原理は，リカード経済学を広く一般化したものとみなされた。

　ただしここでケインズは重要な留保をしている。自由放任を唱えたのは，偉大な経済学者ではなく，大衆向きで通俗的な人々だというのである。そして自由放任という言葉は，アダム・スミス，リカード，マルサスの著作のなかには見当たらないし，自由放任の思想さえも，これらの学者のどの著作を見ても，教条的な形においては示されていないと指摘する。確かにスミスは自由貿易主義者ではあるが，教条的な自由放任主義者ではなかった。なんでも市場に任せればよいと主張していたわけではなく，国家がなすべきことについても丁寧に論じている。正統派経済学の実践的結論として自由放任思想が一般の人々の心に定着したのは，コブデン，ブライトらマンチェスター学派，ベンサム流の功利主義者，あるいはその他の二流の経済学者の影響によるものである。

　正統派経済学者では，例えばケアンズが自由放任を正面から攻撃し，そこに何ら科学的根拠がないことを訴えた。近代経済学の生みの親であるマーシャルは，私的利害と社会的利害が必ずしも調和しない事例の解明に努めた。この「外部性」の問題は，現代の経済学でも重要なテーマとなっている。外部性が存在する場合，自由放任が最善の結果をもたらす保証はない。確かに市場メカニズムの働きにより，需要と供給の作用によって経済は均衡点に向かう傾向がある。ただし，その均衡点が必ずしも最適な点であるとは限らないというマーシャルの主張は，経済が完全雇用以下の水準で大量の非自

発的失業者を伴ったまま均衡してしまう可能性を示した『一般理論』のケインズに通じるものがある。

経済学は，個人が合理的に行動することによって，資源の理想的配分がもたらされるという状態を想定してきた。これは現在でも変わらない。経済学者は，それが最も事実に近いからではなく，単にそれが最も単純であるというだけの理由で，仮説を選んでそこから出発し，それを初学者にも提示してきた。そうした理論があまりにもエレガントであるため，現実の諸事実から導かれたものではなく，単純化のための不完全な仮定から導かれたものであるということが，往々にして忘れ去られてしまうとケインズは述べている。

私的利害と社会的利害とがつねに一致するような神の摂理も存在しなければ，そのような現実も存在しない。啓発された利己心がつねに社会全体の利益になるように働くというのは，経済学原理からの正確な演繹ではない。

所有と経営の分離

ケインズの考える支配と組織の単位の理想的な規模は，個人と近代国家の中間のどこかにある。鍵となるのは株式会社である。ここで少し歴史的事実を補足しておくと，イギリスでは1720年の南海泡沫事件により大きな経済的混乱が生じたことから，会社設立の条件を厳しく規制する泡沫会社禁止法（The Babble Act）が成立し，その後の会社制度の発達が阻害された。アダム・スミスは株式会社に批判的で，経営と資本の分離によるエージェンシー問題を『国富論』の中で論じている。イギリスで株主の有限責任制が一般化するのは19世紀半ば以降のことである。もともと巨額の資金を株式市場で調達しなければならないほど大規模な産業がそれほどなかった

が，鉄道事業の発展により状況が変化した。鉄道事業は19世紀の花形であり，何度も鉄道株バブルが発生しては潰れている。『自由放任の終焉』が書かれた1920年代にはイギリスにおいても現代的な株式会社の重要性が高まっていた。

ケインズによれば，株式会社はある程度の規模に達すると，個人主義的私企業の段階を超えて公法人の性質を帯びるようになる。そこでは資本の所有者は経営から分離され，経営陣の関心事は株主のための利潤極大化よりも，組織の安定と名声の方に傾くという。株主に対して慣例上妥当と考えられる一定の配当を確保した後は，こうした企業の経営者の直接的関心は，社会からの批判，会社の顧客からの批判を回避することに向けられることがしばしばある。その典型的な例は，当時，民間の株式会社であったイングランド銀行である。他にも鉄道会社など大規模な公益企業は半社会化されつつあった。古典派経済学者の中には株式会社制度に懐疑的な者も少なからずいたが，ケインズはこれを好意的に評価している。

国家のなすべきこと

今日の経済学者たちに課されている主要な問題は，政府のなすべきことと，政府のなすべからざることとを改めて区別し直すことであろうとケインズは言う。もちろん，政府のなすべきことは何か，といった議論は古典的自由主義の時代から存在する。問題は，その中身である。

ケインズによると，現代における最大の経済悪は，リスク，不確実性，無知に起因するものが多い。しかしその治療法は，多くの場合，個人の手の届かないところにある。中央当局が通貨および信用を慎重に管理し，また事業に関する情報を広範に収集し，公開する

ことが重要である。情報・知識の欠如，不確実性が大きな経済問題であるという認識は，ケインズの所属していたコミュニティであるケンブリッジの経済学にとって伝統的なものであった。政府の役割についても，この側面からメスを入れられる。

　国家の領分として，他には人口政策や，社会全体としての望ましい貯蓄の規模の決定が挙げられている。後の『一般理論』の立場では，貯蓄とは受動的に決まるものである。ここからもわかるように，当時のケインズは，まだ「古典派」経済学者であり，伝統的思考の持ち主であったことに注意する必要がある。素朴な自由放任主義を批判するということは，伝統的なマーシャル経済学の立場と何ら矛盾しないのである。個人ではできないことを国家がなすべきであるが，それは資本主義経済の枠内で十分実行可能であるというのがケインズの診断であった。ケインズは国家社会主義に批判的であり，マーシャルにしてもピグーにしても，社会改良の問題には深い関心をもっていたが，社会主義の立場からは距離を置いていた。

　マーシャルは，公共善のための非利己的な行為に比べれば競争は害悪であると述べているが，それでも普通の人間が博愛主義的行為を長期にわたって続けることは困難であることから，自由企業体制を擁護している。その理由は，競争が素晴らしい帰結をもたらすからではなく，統制経済に比べて相対的に害が少ないからである。

　ケインズは，資本主義は賢明に管理される限り，おそらく今までに現れたいかなる他の制度よりもいっそう有効に経済目的を達成するのに役立ちうるものであるが，それ自体として見る限り，資本主義は多くの点できわめて好ましくないもののように思われる，と述べている。ケインズにとって，資本主義の本質的特徴とは，個人の金儲け本能，および貨幣愛本能であった。彼はこれを推進力として

経済をうまくコントロールすることができるという信念を終生保持し続けた。

　なお,『自由放任の終焉』では直接触れられていないが, 1920年代のイギリスをめぐる政策的課題は金本位制の問題であった。ケインズもこの問題をめぐって再三発言している。その立場は状況の変化とともに少しずつ変容していくが, 金の量という自然的制約に従わざるを得ない金本位制を退け, 人間の知性によって貨幣・金融システムを制御し得るという根本思想については一貫していた。

参考・関連文献
　井上義朗『市場経済学の源流　マーシャル, ケインズ, ヒックス』(中公新書, 1993年)
　根井雅弘『「ケインズ革命」の群像　現代経済学の課題』(中公新書, 1991年)
　伊藤宣広『現代経済学の誕生　ケンブリッジ学派の系譜』(中公新書, 2006年)

(伊藤　宣広)

カール・ポランニー

『大転換』
The Great Transformation, 1944

野口建彦，栖原学訳，東洋経済新報社，2009年（2001年版に基く新訳）
——市場社会の危機を分析した経済学者——

現代によみがえるポランニーの憂慮

21世紀の市場社会はどこに向かおうとしているのか？ 2012年の世界経済フォーラムや2013年のローマ法王の「使徒的勧告」をめぐる報道のなかで，市場経済的な社会変革の推進による破壊的な影響（投機化する金融市場，格差の拡大と社会的排除の問題，議会制民主主義の機能不全と政治不信，国際的な政治的緊張の高まり，環境破壊）に関するポランニーの洞察が話題にのぼるなど，リーマン・ショック以降，『大転換』に注目が集まっている。

ポランニーは，二つの世界大戦，ロシア革命とハンガリー革命，赤いウィーン（社会民主党市政による高福祉・教育改革），世界経済恐慌とファシズムの出現，戦後の東西冷戦，原水爆や大量伝達手段を持つ産業文明の全体主義的傾向，といった20世紀の出来事について思索し，執筆と教育活動を続けた，ハンガリー出身の社会科学者である。第一次世界大戦中にはハンガリーの騎兵将校として従軍し重傷を負って死の淵をさまよった経験があり，また，戦間期にはハンガリー共産党とオーストリア・ファシズムによる言論弾圧を逃れるために，二度，亡命している。アメリカのコロンビア大学に職を

得た戦後には、赤狩り旋風の余波を受け、カナダからの通勤を余儀なくされた。

だが、亡命の経験や時代の制約のなかで研究に専念できる境遇には恵まれなかったにもかかわらず、大著『大転換』や共編著『初期帝国における交易と市場』(1957)、遺著『人間の経済』(1977) において、経済と社会の関係を根底的に問う著作を残した。ポランニーの立場は、社会を共同体に近づけることの困難さを自覚しないマルクス主義者の社会主義理論の限界を認識しながら、経済的自由主義の「経済的決定論信仰」に挑戦するものだった。ポランニーは、長期の歴史的な視点と人間の自由の観点から市場経済のダイナミズムを分析し、市場経済の行きづまりが生じさせている現在進行形の政治的・倫理的・社会的な危機の本質を捉えた。そして彼はより人間的な経済の在り方を問い、最晩年においては、経済を制度化する多様な方法や可能性を考察するための制度主義的な経済学の構想に向かった。

『大転換』の主題──ファシズムと市場社会の関連

『大転換』は、その副題が示すように、世界恐慌とファシズムに象徴される1930年代の大変動を理解するには長期の歴史的視点が必要であることを方法論的に意識して書かれた著作である。『大転換』の主張によれば、世界経済恐慌、経済的・政治的危機のファシズム的解決、フランスやオランダやスカンジナビア諸国を除く大部分の大陸ヨーロッパ諸国での民主主義の崩壊をもたらした究極的原因は、19世紀的な市場経済システムを第一世界大戦後に再建しようとした経済的自由主義のユートピア的試みにある。

ポランニーによれば、19世紀にイギリスで生まれた「市場社会」

の弱点が悲劇的な混乱をもたらしたのは20世紀の大陸ヨーロッパにおいてである。「ドイツのファシズムを理解するにはリカード時代のイギリスに立ち戻らねばならない」という問題意識から，『大転換』は産業革命期のイギリス社会の精神的・制度的変化に照明を当て，市場社会の不安定なダイナミズムや緊張の累積過程を描く。

市場経済とはなにか

ポランニーによれば，市場経済がそれ自身の法則に従って機能できるには，それが必要とする条件を持つ社会につくりかえねばならない。もともと販売のために生産された商品ではない労働・土地・貨幣を，労働市場・土地市場，貨幣市場において取引され売買される商品として扱うためのさまざまな制度的な整備がなければ，市場経済は機能できない。社会の諸要素を市場メカニズムに包摂して市場の法則に従わせる市場社会においてのみ，市場経済は自己調整的に振る舞うことができる。

『大転換』のなかで繰り返し指摘されるように，労働は他の生活活動から切り離された「人間活動の別名」であり，土地は「自然の別名」であり，貨幣は「購買力の象徴」であってその存在は銀行や国家財政のメカニズムに依存するものである。労働・土地・貨幣は「社会の骨組み」であって，販売のために生産された商品ではない。だが，あたかも商品であるかのように扱われる「商品擬制」の巧妙な仕掛けによって，かろうじて市場メカニズムに包摂されている。商品擬制は，ポランニーが「市場経済の制度的本質」と呼ぶ組織原理であり，社会の諸要素を市場の諸要素に還元して市場のいうとおりに従わせることで機能する市場経済の，「極端なまでの人為的な性質」を示す。市場経済は，自然発生的で漸進的な発展の産物では

ないのである。

　ポランニーによれば，競争的な労働市場が構築されたのは，産業革命期の「スピーナムランドの時代」と呼ばれる1795年から1834年の改正救貧法までの40年間においてである。この間に，それまで社会における人間とは無縁だった「個人的な飢餓の脅威」が労働の動機づけとなり，貧しい人びとや失業者の自己責任と就労による自立とが強調されるようになった。

　競争的な労働市場の構築は，市場社会に適合的な人間と貧困についての「転回」，つまり「経済的自由主義的な福祉改革」への世論形成と（救貧）「法改正」によって実行された。これを，「経済が社会的諸関係のなかに埋め込まれている」状態を人為的に破壊して市場経済が創出された事例の典型としてポランニーはみなす。すなわち，労働の商品擬制は，被扶養者の生存に配慮する再分配や相互扶助的な互酬性のネットワークの解体，あるいは従来のキリスト教的な貧困観からの大きな変更を伴って実施されたのである。

　またポランニーは，市場社会における自由の制限という問題を提起している。彼によれば，19世紀市場社会は決して「小さな政府」ではなかった。労働・福祉・金融・環境の領域など社会の隅々まで市場システムを行き渡らせることで，効率よく社会を支配・管理するための強力な国家権力を支持するものだった。

二重運動と20世紀の危機

　商品擬制の組織原理に基づく市場経済の拡大は，それがもたらす危険と脅威に対する対抗的運動を呼び起こす。ポランニーはこの対抗的運動を擬人化して社会の自己防衛と呼ぶ。対抗運動は，それぞれの擬制商品市場において自己調整的市場の作用を抑制する介入的

行動として発達するが，それらには，市場経済の発展からもたらされる「社会的文化的破局」とそれにともなう社会的地位の喪失・人間的堕落を防ぐという，「共同体の一般的利害」を擁護する性格が濃厚にある。

労働市場では，1834年の新救貧法の制定と同時に，人間労働を市場の法則の作用から保護する対抗運動がオーウェニズムやチャーチスト運動のかたちで発展し，社会立法，工場法，失業保険，労働組合といった，労働の人間的性格を商品擬制から擁護する制度がつくり出された。土地市場では，1846年の反穀物法により自由貿易が始まって以来続いている，自然資源や農村文化を土地に関する商品擬制から守る対抗運動を通じて，土地立法や農業関税が1870年代以降に制度化された。さらに貨幣市場では，通貨発行量を金残高によって調節することで通貨の安定を図る金本位制が1844年のピール銀行条例によって制度的に確立されると，貨幣の過不足による価格の急激な変動の破壊的影響から生産組織を保護する必要が生じて，中央銀行制度や通貨制度の管理がつくり出された。

市場社会がイギリスに誕生してから一世紀のあいだ，経済的自由主義が制度的目標として競争的労働市場，金本位制，自由貿易を設定したのに対し，社会防衛の側は，労働立法や農業関税などの保護立法と競争制限的制度を要求した。20世紀に明らかになったことは，市場による自己調整機能の強化によって社会を市場に一致させるという，経済的自由主義の企画の実現がますます困難になった，市場社会の現実である。1870年代の普通選挙権の導入以降，市場制度の拡張のための諸制度と社会防衛のための諸制度との緊張およびジレンマはさらに悪化した。ポランニーによれば，20世紀の世界戦争は危機に陥った19世紀市場社会のリセットの契機にほかな

らず,政治的民主主義を放棄して市場経済を救済する解決策として,ファシズムが登場したのである。

新しい市場社会の展開を見据えて

　第二次世界大戦後のポランニーは,市場システムを複雑な産業社会における経済問題の唯一の解決策として提唱する新古典派経済学が戦後のアメリカを拠点に興隆した状況を憂慮していた。原子力の産業的利用が推進され,効率,物質的進歩,生活の画一化,自発性に対する組織化の優位といった経済生活の価値観が社会全体の目的をますます規定するようになり,民主主義を通じて自由の領域をつくり出すことが困難になってゆく社会の現実を,彼は「機械的社会」あるいは「技術的社会」と表現した。市場経済が人間の自由と民主主義と平和の可能性,つまり社会の可能性をいかに制約してきたかについて,ポランニーは人生の最後まで検討したのである。

カール・ポランニー (Karl Polanyi, 1886-1964)
　オーストリア＝ハンガリー帝国時代のウィーン生まれの経済人類学者。

参考・関連文献
　ポランニー『経済の文明史』(玉野井芳郎,平野健一郎他訳,ちくま学芸文庫,2003年)
　ポランニー『市場社会と人間の自由』(若森みどり他編訳,大月書店,2012年)
　野口建彦『K・ポラニー』(文真堂,2011年)
　若森みどり『カール・ポランニー』(NTT出版,2011年)

　　　　　　　　　　　　　　　　　　　　　　　　（若森　みどり）

フリードリヒ・アウグスト・ハイエク

『自由の条件』
The Constitution of Liberty, 1960, The Definitive ed., 2011

気賀健三，古賀勝次郎訳『新版ハイエク全集 第Ⅰ期 第5〜7巻』，春秋社，2007年

——新自由主義の思想基盤となった名著——

自由主義の再興

　フリードリヒ・アウグスト・ハイエクは20世紀を代表する自由主義経済思想家の一人である。はじめはオーストリア学派の経済学者として景気循環論を研究し，『貨幣理論と景気循環』(1929年)，『価格と生産』(1931年)などを著わしている。1930年代には社会主義経済計算論争に参加し，社会主義経済学者が社会主義経済運用のために援用した静態的な完全競争理論の問題を認識するようになる。またケインズとの貨幣論論争も，その後のケインズ経済学批判，ケインズ主義的福祉国家批判につながっていく。

　ハイエク自身の研究領域は1940年代から経済学の分野を超えて，法学，政治学，理論心理学，社会科学方法論など自由主義の社会哲学全般に拡大された。それは，社会主義やケインズ主義的福祉国家によってもたらされる新しい社会秩序が，これまで西欧文明を成長させてきた自由主義の伝統と相容れないことを強く認識したからである。ハイエクが自由主義研究に乗り出したのは，ロシア・東欧において社会主義体制が確立され，また資本主義経済における福祉国家政策や計画化が一般に支持されていた時代だった。『隷属への道』

(1944年)は一般向けの著作であるが,世界的なベストセラーとなった。それは,社会主義だけでなく資本主義経済における部分的な計画化である福祉国家政策も全体主義に陥る危険性があることを示したものである。『自由の条件』は,彼の自由主義経済思想を最初に体系的に著わしたものである。

第二次世界大戦後,西側資本主義諸国はケインズ経済学に基づいて総需要管理政策を実施し,高度経済成長を続けることができた。しかし,石油ショックを契機としてスタグフレーションが進行し,完全雇用と社会福祉を実現しようとしたケインズ主義的福祉国家政策からの転換を迫られるようになる。1980年代には規制緩和により自由競争を志向する新古典派経済の一派が台頭し,マクロ経済学分野ではケインズ主義と並ぶもう一つの勢力となった。それは現実の世界においては新自由主義（ネオ・リベラリズム）のイデオロギーを形成した。

新自由主義とは,規制緩和や国営企業の民営化,社会保障の削減によって競争原理を機能させて経済を成長させようとする立場であり,イギリスのサッチャー政権,アメリカのレーガン政権,日本の中曽根康弘政権などによって採用された。ハイエクやシカゴ学派のミルトン・フリードマンがその代表格として扱われるようになり,ハイエクの『自由の条件』はサッチャーが自身のバイブルとしたことでも有名である。しかしながら,ハイエクは1989年のインタビューでサッチャーとレーガンの政策を評価し,「現在考えられるかぎりでは妥当なものだろう。だが二人とも,目標が控えめだ」と述べている。

「法の支配」を重視する自生的秩序論

ハイエクの自由主義思想は、A・ファーガソン、ヒューム、スミスなど18世紀イギリス個人主義哲学の伝統を継承している。それは、諸個人の自由な行為の結果として自生的な社会秩序が形成されるとする反合理主義的な立場である。これと対立的なのが、デカルト、百科全書派、ルソーなどのフランス的な個人主義の立場であり、すべての社会秩序は人間の意図的、理性的な設計に基づくとしている。ハイエクはこれを「設計主義的合理主義」と呼ぶが、社会主義はこの系譜にある。

ハイエクは、「自由」とは、人が他の人によって強制されることができるだけ少ない状態であると、消極的に定義した。他人あるいは国家の目的に奉仕するよう強制されている状態では、人は自分の知識や技術を用いることができない。個人の自由が擁護されなければならないのは、人が全知全能の存在ではなく、無知であるからである。もし現在と将来の願望達成に関係するすべての要素についての完全予見が可能であれば、自由擁護の必要性はない。諸個人がもつ知識が限られていて、誰が最善の知識をもっているかわからないからこそ、自由社会における個人の競争的努力が必要なのである。ハイエクは前期の経済学研究を通して、社会の無数の個人に分散した知識の有効利用を図ることが経済学の中心的な問題であると認識していた。

自生的秩序とは、意図的な設計の産物ではなく、自由な諸個人の行為の積み重ねにより自生的に成長していく秩序であり、それ自身の共通の目的をもたないため、多様な個人の目的の達成を可能にする。ハイエクが後に「カタラクシー（catallaxy）」と呼ぶ市場経済は自生的秩序の代表的な例であり、価格というシグナルが分散され

た知識や情報を集約する情報処理システムの役割を果たす。自生的秩序のその他の例は，言語，道徳，法，貨幣などである。

　自生的秩序を維持，成長させるためには，自由社会が一定のルールによって規律されなければならない。ハイエクは「正義にかなう行動ルール」による「法の支配」の重要性を強調する。彼は，個々の目的に対して中立的な「正義にかなう行動ルール」を「ノモス (nomos)」の法と呼び，特定の目的を強制的に実現するために議会によって制定されたものを「テシス (thesis)」の法と呼ぶ。「ノモス」の法は，慣習法のような明確に表現されていないルールであり，「テシス」の法は，制定法のような明確に表現されたルールである。「ノモス」の法の内容は，何百年もの間，裁判官がそれまでの慣習法のルール体系の中で解釈してきた結果として，判例法という形で生み出されていく。公共サービスなどの政府活動は「テシス」の法の領域に属するが，これは「ノモス」の法の秩序を補完するか，少なくとも矛盾しないものでなければならない。このような「法の支配」論によって，諸個人が自らの知識を用いて自由に活動できる私的領域が画定される。後の『法と立法と自由』(1973〜79年) においては，「ノモス」の法の重要な要素として，社会の中で自生的に生成，発展してきた慣習や伝統としてのルールが強調されている。彼の自由主義思想が「法の支配」論を重視するのは，社会主義やケインズ主義的福祉国家が「法の支配」の概念を歪め，立法上の根拠さえあれば国家権力が自由の領域を侵害しようと無制限に拡大されるようになったからである。

ケインズ主義的福祉国家批判

　第二次世界大戦後，「福祉国家」の概念はケインズの完全雇用理

論とW・H・ベヴァリッジの社会保障論に基づいて確立された。ハイエクによるとそれが普及したのは，社会主義諸国において新たな独裁政治が生み出され，社会主義の実験が失敗したからである。社会主義者の知識人は目的を変更し，資本主義諸国において市場競争の結果の再分配を行う福祉国家の建設を目指すようになった。「福祉国家」の概念には様々な意味が付加され，そのうちの一部は自由社会をより魅力的なものにするかもしれないが，自由社会と両立しない，少なくとも潜在的な脅威となるものも含まれていく。福祉国家においては，民主主義の手続きを経て特定の利益集団の様々な要求が政府の採るべき政策とされていくが，これは社会の自生的秩序の進化を妨げるものである。また，「社会正義」の実現が政府の役割とされるが，この概念も自分たちの立場が相対的に劣ると考える人々によって濫用されていく。

　ハイエクは労働組合問題，社会保障制度，累進課税制度，住宅問題，教育論など様々な福祉国家政策を各論として取り上げている。国家が国民の老齢，疾病，障害，失業などの必要に備える社会保障制度に関しては，次の二つの保障概念を区別しなければならない。すなわち，すべての人に対して最低限の生活水準を保障することと，ある一定の生活水準を保障することとの区別である。後者は，社会の多数派が，より豊かな少数派から所得の再分配を求めるために政府の強制力を用いようとすることである。これは，異なった人々に対するある種の差別と不平等な扱いを求めるものであり，ハイエクの「法の支配」の観点からは是認されない。

　「社会正義」や「公共の福祉」の実現を目的とした福祉国家政策は容易に膨張していき，国家の財政赤字を拡大させていく。また国民生活の隅々にまで及ぶ国家権力の拡大は，国民の国家に対する無

責任さを助長し，人々が何をするかを国家から命令される社会をもたらすだろう。諸個人のもつ目的よりも，恣意的に決定された「社会正義」の要求を常に優先させることが可能なのは，社会主義の中央計画当局によって諸個人が何をすべきかが命令されている指令経済か，一族の長の下に共通の目的で結ばれた原始的な部族社会である。官僚機構が包括的で強制的な福祉計画を立案し，既存の知識と権力を利用することに熱心であれば，社会に分散している知識の有効利用や知識の将来の成長は妨げられ，人々の創意，工夫，努力により自生的に成長する自由の領域はますます狭められていくだろう。

自由主義と保守主義

『隷属への道』刊行以来，ハイエクは保守反動的な思想家であるとして対立する立場から批判されてきた。彼は『自由の条件』の最後に「なぜわたくしは保守主義者ではないのか」という章を設け，自身の自由主義と保守主義との違いを説明している。

保守主義は，既存の権威，道徳，慣習などを正当化し，その時々の趨勢からの変化に抵抗する立場であり，自由主義は，将来どのような結果が生じるかが予測できなくても変化を歓迎する立場である。保守主義者は変化のスピードに影響を与えたいと望んでいるが，変化の方向性に関しては日和見的である。例えば，産業の分野では市場競争を支持するが，農業の分野では社会主義的な方法を支持してきた。また，変化を嫌うため国家主義に傾倒しやすいが，これはその国を構成する民族単位での全体の目的に個人を埋没させるものであり，実は社会主義と親和的である。

東西冷戦構造下，保守主義と自由主義は社会主義批判のために共闘してきた。資本主義と社会主義，すなわち，保守と革新の対立で

ある。保守主義者は自らのロジックをもたないため，自由主義者のそれを借りて社会主義と闘ってきた。社会主義体制の崩壊によって資本主義体制の優位性が示されたが，その後，保守と革新という対立構造に変化が生じている。革新と呼ばれる勢力は福祉国家政策を提唱し，資本主義体制の中に潜伏するようになった。保守と呼ばれる勢力は，社会主義の衰退によって自由主義と共有できるアイデンティティーを失った。むしろ国家主義や福祉国家政策といった性質が強調されることで，自由主義との距離が大きくなっている。ハイエクの自由主義論は，保守と革新という対立構造が変質した現代において改めて読まれるべきである。

フリードリヒ・A・ハイエク（Friedrich August Hayek, 1899-1992）
　オーストリア＝ハンガリー帝国時代のウィーンに生まれる。経済学のみならず，社会思想，政治学，哲学，心理学などにも及ぶ広範な仕事を遺した。主要な著作は『ハイエク全集』（春秋社）に収録されている。

参考・関連文献
　古賀勝次郎『ハイエクの政治経済学』（新評論，1981 年）
　古賀勝次郎『ハイエクと新自由主義　ハイエクの政治経済学研究』（行人社，1983 年）
　江頭進『F・A・ハイエクの研究』（日本経済評論社，1999 年）
　楠茂樹，楠美佐子『ハイエク「保守」との訣別』（中公選書，2013 年）

（楠　美佐子）

ミルトン・フリードマン

『資本主義と自由』
Capitalism and Freedom, 1962

熊谷尚夫ほか訳, マグロウヒル好学社, 1975 年／村井章子訳, 日経 BP 社, 2008 年

経済的自由と政治的自由

1989 年 11 月に東西冷戦の象徴であったベルリンの壁が崩壊し, 資本主義と社会主義という二つの経済体制を巡る対立は, 決着がついたとされる。それに先立つこと 4 年前の 1985 年, ソ連ではゴルバチョフが書記長になり, ペレストロイカと呼ばれる一連の政治改革を始めた。しかし, その改革の結果, むしろ人びとの不満が表面化し, 旧ソ連邦の崩壊, ベルリンの壁の崩壊を含む, 多くの東側諸国の資本主義への転換という結果に終わった。

一方, 1992 年の 1 月から 2 月にかけて, 当時の中国の最高指導者鄧小平は, 武漢や深圳, 上海など経済の発展している地域を視察し, 「南巡講話」を発表した。これにより, 「改革開放路線」を確かなものとして, 政治の改革をさておいて, 経済についての自由化を促進した。そして, 今も社会主義的市場メカニズムを核とする経済発展政策を採り続け, ついには 2010 年に日本を抜いて, GDP 世界第 2 位になった。

旧ソ連や中国の経験は, 我々に何を語るのであろうか。経済の改革と政治の改革, 両者の関係については, 今も続く議論の種である。だが, 経済体制のあり方について考えるとき, 資本主義対社会主義

という二項対立だけで考えて良いのだろうか？　資本主義のあり方にも，様々なタイプがあるのではないか。

　フリードマンが同書を書いた 1962 年は，アメリカとソ連が社会主義国キューバへの核ミサイルの設置を巡って対立したキューバ危機が生じた年であり，二つの経済体制の衝突のハイライトの年でもあった。だが，そういったホットな軍事的対立だけでなく，経済体制の優位性を巡る争いも，熱を帯びていた。かたや急速な工業化と経済発展を誇示するソ連に対し，資本主義の陣営も，社会主義に対する優位性を示すために，政府による数々の経済介入を行うことで，経済成長を促し，人びとの暮らしの向上を明示的に目標として掲げていた時代でもあった。いわゆる狭義の福祉政策だけでなく，景気の安定化も含め，経済の運営そのものに対して，政府が責任を持つという福祉国家の考え方が，アメリカを始め西側諸国に広がっていたのである。この当時は，福祉国家に基づく数々の施策は，社会主義国との闘争のために，むしろ必要なものと考えられていたのである。

　だが，東西冷戦の絶頂期にあって，フリードマンは，社会主義に対する当時の現実の資本主義の優位性を説くためにこの本を書いたわけではない。確かに，当時の社会情勢として，資本主義国内での社会主義的な動きに対して，過敏であったことは否定できないが，それよりも福祉国家という資本主義国の内部で掲げられている理念や政策の姿勢に対して疑問を投げかけたのであった。ここに書かれている内容は，今日の目から見れば，それほど「過激」とは言えない。しかし，この当時にこういった形で，福祉国家のあり方を全面から問い直したのは，同書とハイエクの『隷属への道』くらいで，決して多数派ではなかった。

フリードマンの二つの顔

フリードマンは，1950年代に華やかだった消費関数論争の主要プレーヤーとして，またマネタリズムの総帥として，経済理論面でも多大な功績を残した経済学者である。1976年には理論的な功績に対して，ノーベル経済学賞を受賞している。一方で，テレビシリーズで展開し，後にベストセラーとなった書籍『選択の自由』は，フリードマンの知名度を世界的に引き上げた。他にも様々な講演やコラムなどで，必ずしも専門的な経済学者ではない人びとにも，「新自由主義者」あるいはもっと極端に「リバタリアン」の論客として名前がよく知られるようになった。こういった場面では，多少誇張気味の表現の方が受けが良い。だが，経済学者としての彼の経済学はきわめて慎重な論理展開をするのも特徴である。

本書は，「自由主義」について書かれたものでありながら，一般向けと言うよりも，経済学者を含む，比較的社会問題に関心の高い層に向けた著作である。『選択の自由』や『奇跡の選択』のようなインパクトこそ少ないが，刺激的な言葉を多用せずに，彼の経済理論の書物と同じく慎重な筆致で書かれている点で，実は貴重な「自由主義」論でもあるのかもしれない。

古びない内容

本書が，資本主義対社会主義ではなく，資本主義のあり方について問うたものゆえに，今日でも，著作としての命脈を持ち続けることができている。だが，50年以上前に書かれた同書を読んで，興味深く感じる点は，内容もさることながら，そのスタイルにあるのかもしれない。

一般的には，自由主義を巡っての問題を論じる場合，抽象レベル

での議論が多くなる。また，抽象レベルでの議論だからこそ，時を越え地域の制約を乗り越えることで，応用性が高まり，長く読み継がれる古典となり得る。ところが，フリードマンは彼自身の方法論的な立場から，抽象的な議論にとどまることをよしとしない。たしかに，自由主義や福祉国家という場合，総論で反対されることはほとんどない。だが，こういった考え方をいざ実践に映そうとすると途端に，意見が分かれることは珍しいことではない。実は，自由も福祉も，普段の実践の中で確保すべきものであり，また衝突を調整していかなければならないものである。本書の第1章と第2章こそは，抽象的なレベルでの議論が展開されているが，それ以降第3章から第12章までは，具体的な政策・事例について扱われているのである。

　だが，具体的な事例を扱うと，時間がたつとともに古くさい過去の議論となってしまいがちである。ところが，驚くことに同書で扱われている議論のほとんどは，そうはなっていないのである。

　たとえば，第10章「所得の分配」で扱われているのは，所得税の税率をどのように設定すべきか，あるいは課税標準からの控除をどのようにすべきなのかといった議論であり，現在の日本でもまさに俎上にのぼっている話題である。さらに第6章「教育における政府の役割」では，つい数年前にも日本で話題性を持って取り上げられた教育バウチャー制度が提案されている。第12章「貧困の軽減」も，新たな福祉制度としても一部で注目を集めつつある負の所得税の提案であったりする。このように出版年を知らずに読んでも，全く古くささを感じさせない内容が多いのである。

　もちろん，ここに書かれたすべてが新しいものばかりではない。たとえば，第4章「国際金融・貿易制度」は，いわゆる固定為替相

場制から変動為替相場制への移行を主張したものであり、すでに何十年も前に実現してしまっている。だが、これとて、当時いかに固定相場制が当たり前と考えられていたのかということの証左にもなり、変動為替相場制の特徴を当たり前のように感じる今日では、かえって新鮮に感じるであろう。

50年前に議題として取り上げた内容が、今なお古びないということ、それ自体、もう少し踏み込んで考えてみる必要があるかもしれない。

福祉国家を巡る問題

冒頭でも触れたが、東西冷戦が終結した今、資本主義のみが経済体制として生き残るとして、片付けてしまうわけにはいかない。たとえば、同じ資本主義と言っても、アングロサクソン型と大陸型と分ける人たちもいるように、多様なあり方が考えられる。日本でも、2000年代以降、少子高齢化社会を迎える中で、格差の拡大が大きな問題として認識されるようになった。高負担高福祉型の北欧のような社会を目指すのか、個人の自己責任を強調するアングロサクソンのような社会を目指すのか、今後の社会のあり方が問われるようになってきている。

世界的に見てもリーマン・ショックの痛手から、政府と経済活動との距離の取り方について、再検討されつつある。少し考えてみればわかるように、資本主義体制だからこそ、政府と民間経済主体との距離の取り方が、幾通りもあり得る。それゆえ、たった一つの理想型があるわけではない。

たとえば、フリードマン自身が、同書で挙げている例を見てみよう。ほとんどの国で、鉄道など自然独占になる産業に対して、政府

による公益事業規制がかけられている。フリードマンも規制の必要性をひとまずは認めている。だが，時代が変わって，鉄道以外にも航空機など様々な交通手段が生み出されれば，産業間競争が生まれ，公益事業規制を用いなくても競争的な環境に独占企業も置かれ，消費者の利益が守られるようになる。それゆえ，過去の規制はもはや時代遅れとなり，撤廃した方が良くなることもある。

　つまり，技術の進歩や様々な新製品・新サービスが生み出されてくる資本主義社会にあっては，政府による経済活動への介入が，時と場合によって，適切にもなり不適切にもなり得る。フリードマンは，そういった問題に対処するために，裁量よりもルールを推奨する。一般に，規制する当局に与えられた大きな裁量権は，良いことをする権力にもなるが悪いことをする権力にもなりうる。一部の担当者の裁量が，社会に与える影響は非常に大きくなってしまう。そこで，裁量ではなくルールに従って規制することで，担当者の権限を押さえることが，害悪を最小にするための次善の方策となる。

　フリードマンの「ルール主義」は他にも金融政策のk％ルールをはじめとして，幅広く適用が可能だと考えているようである。しかし，資本主義のこの間のダイナミックな動きを見ていると，ルール主義が果たして自由を守るための最良の選択かどうかは，慎重に考える必要もあろう。いったんルールとして根付かせてしまうと，それ自体が経済活動のひずみをもたらすことも往々にしてある。おそらく，そのことはフリードマンも同意するはずである。しかし，そうだとすれば，ルールの決め方において，裁量的な判断が必要になるかもしれない。この問題は今なお開かれたままである。

　日本においても，かつて有効であった制度が，今日では有効性を失っていることもよくある。人口減少時代を迎えた現在，かつてと

同じようなルールでは機能しない。福祉国家を標榜する資本主義国は，そういった意味でも，常に自らを見つめて点検し直すことが求められているのであろう。フリードマンの主張に賛同するかどうかにかかわりなく，時代を越えて，抽象論にとどまらずに現実の場面を直視しながら，社会のあり方を考えていく必要性を感じさせてくれる，それこそが本書が古典たるゆえんなのである。

ミルトン・フリードマン（Milton Friedman, 1912-2006）

アメリカの経済学者。マネタリズム，新自由主義経済論を代表する人物。1976年，ノーベル経済学賞受賞。シカゴ大学を拠点とし，多くの後継者を生んだ。

参考・関連文献

エイモン・バトラー『フリードマンの経済学と思想』（宮川重義訳，多賀出版，1989年）

フリードマン『選択の自由（軽装版）』（西山千明訳，日本経済新聞社，2012年）

ラニー・エーベンシュタイン『最強の経済学者ミルトン・フリードマン』（大野一訳，日経BP社，2008年）

（廣瀬　弘毅）

執筆者（五十音順）

荒川章義（立教大学経済学部教授）
磯谷明徳（九州大学経済学研究院教授）
伊藤宣広（高崎経済大学経済学部准教授）
楠美佐子（桐蔭横浜大学法学部非常勤講師）
神野照敏（釧路公立大学経済学部准教授）
高哲男（九州産業大学大学院教授）
高橋真悟（東京交通短期大学運輸科教授）
高見典和（一橋大学経済研究所専任講師）
寺尾建（甲南大学経済学部教授）
中村隆之（青山学院大学経済学部准教授）
服部茂幸（福井県立大学経済学部教授）
廣瀬弘毅（福井県立大学経済学部准教授）
藤田菜々子（名古屋市立大学大学院経済学研究科准教授）
山本英司（奈良産業大学［現奈良学園大学］ビジネス学部
　　　　准教授）
若森みどり（大阪市立大学経済学部准教授）

編者略歴

根井雅弘（ねい・まさひろ）

1962年，宮崎県生まれ。早稲田大学政治経済学部卒業。京都大学大学院経済学研究科博士課程修了（経済学博士）。現在，京都大学大学院経済学研究科教授。著書・編著多数。近年の著作に，『経済学再入門』（講談社学術文庫），『経済学の3つの基本　経済成長，バブル，競争』（ちくまプリマー新書），『サムエルソン『経済学』の時代』（中公選書），『時代を読む　経済学者の本棚』（NTT出版），『20世紀をつくった経済学　シュンペーター，ハイエク，ケインズ』（ちくまプリマー新書），『入門　経済学の歴史』（ちくま新書）など。

ブックガイドシリーズ　基本の30冊

経済学

2014年6月20日　初版第1刷印刷
2014年6月30日　初版第1刷発行

編　者　根井雅弘
発行者　渡辺博史
発行所　人文書院
〒612-8447　京都市伏見区竹田西内畑町9
電話 075-603-1344　振替 01000-8-1103
印刷所　創栄図書印刷株式会社
製本所　坂井製本所
装　丁　上野かおる

落丁・乱丁本は小社送料負担にてお取替えいたします

© 2014 Masahiro Nei Printed in Japan
ISBN978-4-409-00110-3　C1300

JCOPY　〈(社)出版者著作権管理機構委託出版物〉

本書の無断複写は著作権法上での例外を除き禁じられています．複写される場合は，そのつど事前に，(社)出版者著作権管理機構（電話 03-3513-6969，FAX 03-3513-6979，e-mail: info@jcopy.or.jp）の許諾を得てください．

ブックガイドシリーズ　基本の30冊　既刊

東アジア論　丸川哲史

倫理学　小泉義之

科学哲学　中山康雄

文化人類学　松村圭一郎

政治哲学　伊藤恭彦

メディア論　難波功士

グローバル政治理論　土佐弘之編

日本思想史　子安宣邦編

環境と社会　西城戸誠，舩戸修一編

経済学　根井雅弘編

(四六版ソフトカバー，平均210頁，本体価格1800円)